Dernières conversations

Première édition : septembre 2012

ISBN : 978-88-6411-635-8

Avec Eugenio Scalfari
CARLO MARIA MARTINI

Dernières conversations

sur Dieu, l'Église, le pape, l'héthique et la foi

Édition et introduction
de Vito Mancuso

Traduction de Jean-Pierre Prévost

bayard

À la mémoire de Carlo Maria Martini
(15 février 1927 – 31 août 2012)

Avant-propos

Le manuscrit de ce livre (édition originale en italien) a été remis à l'éditeur le 30 juin 2012. Carlo Maria Martini terminait son voyage terrestre le 31 août 2012. Sans que rien ne soit changé de ce qui avait été écrit auparavant, les articles commémoratifs d'Eugenio Scalfari et de Vito Mancuso, parus dans *La Repubblica* le 1er septembre 2012, ont été ajoutés en conclusion.

Le parler que j'aime, c'est un parler simple et naïf,
tel sur le papier qu'à la bouche.

Michel de Montaigne, *Essais,* Livre I, XXVI

Le four éprouve les vases du potier,
l'épreuve de l'homme est dans sa conversation.

Siracide 27,5

Introduction

par Vito Mancuso

Les cinq entretiens qu'Eugenio Scalfari a menés avec le cardinal Carlo Maria Martini entre 1996 et 2011 sont de précieux documents d'un dialogue entre des esprits libres et responsables dont notre temps a un immense besoin. Ils représentent en outre une des réalisations les plus efficaces et les plus suggestives de la célèbre phrase de Norberto Bobbio, souvent reprise par le cardinal Martini surtout durant l'expérience milanaise connue comme la « Chaire des non-croyants » (1987-2002), selon laquelle « la différence qui importe n'est pas tant entre croyants et incroyants mais entre ceux qui réfléchissent et ceux qui ne réfléchissent pas[1] ». Ce fut donc un moment de pure

1. Je reprends la phrase de Bobbio à partir de Carlo Maria Martini, *Le ragioni del mio credere. Interventi alla « Cattedra dei non credenti »* [Mes raisons de croire. Interventions à la « Chaire des non-croyants »] (1990), dans Id. *Le ragioni del credere. Scritti e interventi* [Les raisons de croire. Écrits et interventions], sous la direction de Damiano Modena et Virginio Pontiggia, Milano, Mondadori, 2011, p. 943. Voir aussi

joie pour moi quand, après avoir proposé à Eugenio Scalfari l'idée de ces entretiens, qui m'a manifesté son accord avec empressement. Les choses ne se déroulent cependant pas toujours aussi facilement qu'on le voudrait et il en fut ainsi en l'occurrence, puisque Scalfari m'a demandé de jouer un rôle actif dans le projet éditorial et de l'épauler comme coauteur, ce qui me créa d'emblée un certain embarras, en plus de représenter pour moi un très grand honneur.

Je commençai à réfléchir à ce que pourrait être mon rôle auprès de deux maîtres qui, à partir de deux chaires aussi diverses que complémentaires, ont marqué ma vie, l'un comme maître spirituel à la fois rigoureux et doux, et l'autre par un journalisme politique et économique de fort calibre éthique et culturel. Mon esprit d'adolescent, de jeune et enfin d'homme adulte n'a cessé en vérité de se nourrir à travers les années des idées de l'un et de l'autre ; aujourd'hui encore j'ai souvent recours à leurs écrits pour mieux comprendre le monde, la vie, et pour me comprendre moi-même. Mais, plus encore que la valeur de leurs écrits, c'est l'humanité de Martini et de Scalfari qui s'est imposée à moi de façon lumineuse, en générant le sentiment insondable et irremplaçable de cette dévotion de l'intelligence qu'est l'estime. J'ai toujours regardé chacun des deux en pensant « voici un homme vrai » ;

Norberto Bobbio, « Religione e religiosità » [Religion et religiosité], « MicroMega » 2, 2000, p. 8-9.

dans ma jeunesse, je me disais : « je voudrais vivre ainsi », et maintenant que j'avance en âge, je me vois en train de répéter en mon for intérieur « je voudrais vieillir ainsi ».

J'ai conçu mon introduction à la lumière de la valeur hautement représentative pour notre société des entretiens entre Scalfari, le fondateur de *La Repubblica*, et Martini, l'archevêque émérite de Milan. La grande différence entre les deux symbolise en effet les grandes différences de notre société, de plus en plus composée d'hommes et de femmes de mondes divers, d'une diversité qui est spirituelle avant que d'être ethnique. La différence Scalfari-Martini est *notre différence*.

Martini : prêtre jésuite, fils spirituel d'Ignace de Loyola ;

Scalfari : laïc non croyant, fils spirituel du courant français des Lumières.

Martini : spécialiste de la critique textuelle du Nouveau Testament ;

Scalfari : analyste économique et politique.

Martini : recteur de l'Institut biblique pontifical et de l'Université grégorienne pontificale ;

Scalfari : l'un des fondateurs du Parti radical, supporteur des lois sur le divorce et l'avortement.

Martini : archevêque, cardinal, président du Conseil des conférences épiscopales européennes ;

Scalfari : fondateur et directeur pendant vingt ans de *La Repubblica*.

D'un côté, la tradition, de l'autre la modernité ; d'un côté, la Bible, et de l'autre l'*Encyclopédie* ; d'un côté les *Exercices spirituels* de saint Ignace, de l'autre les *Essais* de Montaigne ; d'un côté des dizaines de lettres pastorales au diocèse, de l'autre une centaine d'éditoriaux au monde laïc ; d'un côté le successeur de saint Ambroise et de saint Charles Borromée, de l'autre le successeur de Diderot (« mon Virgile ») et l'ami d'Italo Calvino (« le dernier des Lumières ») ; d'un côté le mythe de Jérusalem cité de la paix, de l'autre le mythe de Paris cité de la raison. On aurait tous les éléments pour croire à l'impossibilité d'un dialogue en raison d'un manque d'intérêt réciproque, et pourtant le résultat est exactement inverse. Comment l'expliquer ? Qu'est-ce qui les a réunis et continue de les réunir beaucoup plus puissamment que leurs différences ?

Il est important de répondre à cette demande car, comme je l'ai déjà dit, leur différence est un symbole de notre société. Mais j'ajoute maintenant que cette différence symbolise aussi et avant tout notre esprit, car c'est au-dedans de nous que le type Martini et le type Scalfari s'agitent, un croyant et un incroyant qui se heurtent entre eux comme se heurtaient les jumeaux Ésaü et Jacob dans le sein de Rébecca. Pour expliquer le sens de la « Chaire des non-croyants », Martini affirmait : « Je retiens que chacun de nous porte en lui un non-croyant et un croyant, qu'ils se parlent à l'intérieur, qu'ils s'interrogent mutuellement, qu'ils se renvoient continuellement des questions pointues et inquiétantes l'un à l'autre. Le non-croyant qui est en moi inquiète le croyant qui est en moi, et vice versa[1]. »

Pour introduire comme il se doit les lecteurs aux entretiens entre Scalfari et Martini, j'ai donc voulu m'interroger sur la condition de notre temps, dans ses différences et dans les éléments qui ont encore un pouvoir rassembleur. J'ai voulu explorer les choses qui, en dépit des différences, nous rassemblent et pourront encore nous rassembler dans l'avenir. Il en est résulté la réflexion qui constitue l'essai introductif de ce livre, proposée en avant-première lors de ce grand festival de la culture et de l'engagement civil que fut la « République des Idées » (Bologne, 14-17 juin 2012 ; mon intervention a eu lieu le 16 dans la cour de l'Université, le jour même où Eugenio Scalfari se trouvait à Bologne pour mener avec Ezio Mauro une entrevue avec Mario Monti).

Quelques jours plus tôt, toujours dans le cadre de la « République des Idées », Umberto Veronesi avait livré un hymne triomphal au progrès scientifique et annoncé l'avènement prochain de la « société nanoscientifique », c'est-à-dire de biotechnologies invisibles destinées à changer radicalement nos vies, « pour le plus grand bien de l'homme[2] », bien entendu. Veronesi reconnaissait

1. Carlo Maria Martini, *Avant-propos. Interventions à la « Chaire des non-croyants »*, in Id., *Le ragioni del credere* [Les raisons de croire], p. 917.
2. *La Repubblica*, 11 juin 2012. Le jour suivant, je publiais dans le même journal une réplique à Veronesi.

toutefois, même dans son article empreint d'optimisme, que « nous sommes tout au plus pris à contre-pied aujourd'hui sur le plan éthique et juridique » devant les scénarios ouverts par la science et la technologie. Mon essai introductif tourne précisément autour du « contre-pied » éthique et juridique de notre temps, d'autant plus préoccupant que, face à l'immense pouvoir de la techno-science (et aux intérêts économiques non moins immenses qui se trouvent derrière), il faudrait une vision claire des principes éthiques et des objectifs humains et qui ne soit d'aucune manière fragmentée. Les entretiens entre Scalfari et Martini représentent à mon avis un modèle exemplaire de l'attention et du respect réciproques qui devraient être cultivés pour retrouver une éthique partagée et responsable, sans laquelle le grand pouvoir biotechnologique à la disposition d'un petit nombre pourrait se muter en source de discrimination et d'exploitation d'un grand nombre.

Un dernier mot sur la méthode, la leçon la plus importante à mon avis qui soit traitée dans les conversations entre Scalfari et Martini. En dépit de tous les éléments qui auraient pu rendre le dialogue impossible, le résultat a été exactement à l'opposé : comment cela se fait-il ? Je pense que la chose s'explique en premier lieu par la passion de l'un et de l'autre pour le libre exercice de la pensée, chose normale pour un libéral comme Scalfari, mais beaucoup moins attendue de la part d'un cardinal de l'Église catholique. Martini a cependant déclaré : « Ce qui me chagrine, ce sont les gens qui ne réfléchissent pas, qui se laissent pousser par les circonstances. Je veux des gens qui pensent. C'est là le plus important. La question de savoir s'ils sont croyants ou incroyants vient après[1]. » Penser donc, avant que de croire ; on croirait réentendre Norberto Bobbio. Il y a cependant un deuxième élément encore plus pertinent à mon avis, à savoir le fait que dans leurs conversations l'exercice rationnel de la pensée a cédé la première place à ce que Pascal nommait *les raisons du cœur* : « Le cœur a ses raisons, que la raison ne connaît point[2]. » Comme le lecteur pourra le voir, la raison est utilisée à un très haut niveau par les deux interlocuteurs, mais ce n'est jamais elle qui commande, parce qu'elle est guidée à son tour par quelque chose de plus fondamental qui est l'estime, l'affection, la chaleur humaine. Ce qui amène les deux interlocuteurs à une position selon laquelle nul ne veut vaincre ou convaincre (résultat inévitable si on connaît seulement le point de vue de la raison), mais selon laquelle on désire plutôt comprendre l'autre, en comprendre le centre existentiel, en ressentir l'émotion vitale. Il existe un grand respect entre les deux certes, mais davantage une empathie, une tendresse, une affection, ces plus beaux produits du phénomène humain, et

1. Carlo Maria Martini - Georg Sporschill, *Le rêve de Jérusalem. Conversations avec Georg Sporschill sur la foi, les jeunes et l'Église*. Traduit de l'allemand par Paul Kessler. Paris, Desclée de Brouwer, 2009, p. 101.
2. Blaise Pascal, *Pensées*, n° 277. Texte établi par Léon Brunschvicg. Paris, GF-Flammarion, 1976, (GF 260) p. 127.

ce n'est pas par hasard que Martini et Scalfari se retrouvent pleinement d'accord sur le fait que l'amour détient la primauté parmi les expériences de la vie.

Il est probable que cet art du dialogue affectueux soit un exercice spirituel pour l'un et pour l'autre, un exercice de laïcité, mais les catégories de l'esprit par lesquelles on nomme la réalité sont moins importantes que la réalité. Et la réalité, dans sa richesse la plus concrète, est entièrement contenue dans ces paroles de Scalfari en conclusion de la quatrième conversation : « Il me regarda en souriant et dit : “Revenez vite.” Puis il me caressa le visage d'une touche légère. Je fis de même à son endroit. Nous étions tous les deux un peu émus. Dehors il pleuvait toujours » [p. 94].

La grandeur en émotion de l'existence humaine est entièrement renfermée dans cet échange d'une caresse entre un cardinal âgé et un vieillard laïc.

Ces choses qui nous réunissent

par Vito Mancuso

Nombreuses sont les choses qui réunissent. Les principales sont : la langue, la loi de la République et en particulier la Constitution, la monnaie, les intérêts économiques, les intérêts de sécurité sociale, le sentiment d'humanité et de sympathie qui nous porte à la coopération du fait que nous sommes dotés de la nature humaine commune, la nature humaine elle-même, et avant toute autre chose, les lois de la physique, les deux forces nucléaires et la force électromécanique, qui tiennent ensemble les éléments de nos corps, et la force de la gravité, qui garde nos corps attachés à la terre.

Mais quant à nous, en plus d'être un corps physique dont l'intégrité est maintenue par les lois de la physique et un être social dont l'intégrité est maintenue par les lois de la convivialité sociale, nous sommes dotés de la liberté. En revanche, notre essence spécifique consiste justement dans la disposition particulière de notre énergie, qui nous aide parfois à ne pas être totalement déterminés par les composantes physiques et par les relations sociales, et donc à pouvoir créer quelque chose de nouveau. La liberté est notre nom philosophique, notre carte d'identité théorique ; nous sommes notre liberté et la valeur de chacun de nous se mesure au degré d'être et d'engendrer la liberté.

Les lois physiques s'occupent de nous garder ensemble en tant que corps ; les lois de la *psychè* et les ordonnances juridiques et économiques s'occupent de nous garder ensemble en tant qu'êtres sociaux ; mais qui s'occupe de nous garder ensemble en tant qu'individualités libres ? Le présent essai tente de répondre à cette question et pourrait s'intituler plus précisément « Ces choses qui préservent nos libertés ».

Je suivrai un itinéraire en quatre étapes sous les titres suivants :

1. *Crise*
2. *Spécificité de notre crise*
3. *Nécessité d'une idée unificatrice pour vaincre la crise*
4. *Liberté en relation*

1. CRISE

Plusieurs partagent la sensation d'effritement et de désintégration qui porte à nous interroger sur les choses qui nous gardent encore ensemble, ou peut-être, plus radicalement, à nous demander s'il y a encore des choses qui sont en mesure de garder ensemble nos libertés. Le tremblement de terre qui a frappé l'Émilie les 20 et 29 mai a détruit les habitations d'un grand nombre de personnes, plongées subitement dans le cauchemar de se retrouver privées de leur maison. Mais l'homme habite, en plus d'une maison pour le corps, une maison pour l'esprit à l'intérieur de laquelle sa liberté s'est établie à demeure, et le tremblement de terre relatif à cette maison de l'esprit dure depuis longtemps déjà.

Il y a soixante-dix ans, Heidegger parlait de son temps comme d'une « nuit du monde », comme d'un âge marqué par une « absence totale de fondement » et « suspendu dans l'abîme[1] ». Il y a un peu plus d'un siècle, Nietzsche écrivait : « Toute notre civilisation européenne se meut depuis longtemps déjà dans une attente torturante qui croît de lustre en lustre et qui mène à une catastrophe ; inquiète, violente, précipitée, elle est un fleuve qui veut arriver à son terme, elle ne réfléchit plus, elle redoute de réfléchir[2] ». Hegel, il y a de cela deux siècles, présentait son temps comme « un temps de naissance et de passage », « engagé dans le travail de sa transformation » pour en venir à écrire des paroles qui rappellent un

1. Martin Heidegger, « Pourquoi des poètes ? » dans *Chemins qui ne mènent nulle part*. Traduit de l'allemand par Wolfgang Brokmeier. Nouvelle édition. Paris, Gallimard, 2002 (original allemand, 1949), Collection « Tel », p. 323-324.

2. Friedrich Nietzsche, *La volonté de puissance*, t. II. Texte établi par Friedrich Würzbach. Traduit de l'allemand par Geneviève Bianquis. Paris, Gallimard, 1995, p. 23.

tremblement de terre mental lent mais inexorable : « ... son vacillement n'est indiqué que par des symptômes isolés ; l'insouciance tout comme l'ennui qui viennent opérer des fissures dans ce qui subsiste, le pressentiment indéterminé de quelque chose d'inconnu, sont des signes avant-coureurs de ce que quelque chose d'autre est en préparation[1] ».

On pourrait citer pour chaque siècle des auteurs qui ont dénoncé la décadence des temps, incluant Boèce, Grégoire le Grand, Augustin, Cyprien, qui ont vu venir de leurs propres yeux le déclin de la civilisation gréco-romaine et les invasions barbares – pas celles, métaphoriques, dont on parle aujourd'hui, mais celles, sanguinairement réelles, qui rasaient les villes jusqu'au sol. Ainsi par exemple Cyprien : « Le monde lui-même le dit et témoigne de son déclin, comme le prouve la dégradation générale. [...] Se raréfient et même disparaissent dans les campagnes les cultivateurs, sur mer les marins, les soldats dans les camps, la droiture au forum, la justice dans les jugements, en amitié la concorde, dans les arts le talent, dans les mœurs la discipline[2]. » Pour éviter une compilation encore plus longue et plus ennuyeuse de lamentations,

1. G. W. F. Hegel, *Préface et introduction de la Phénoménologie de l'esprit.* Texte, traduction et commentaire par Bernard Bourgeois. Paris, Librairie philosophique J. Vrin, 1997 (Bibliothèque des textes philosophiques) p. 55, 57.
2. Cyprien de Carthage, *À Démétrien* III, 1-2. Introduction, texte critique, tradition et commentaire par Jean-Claude Fredouille. Paris, Cerf, 2003 (Sources chrétiennes, nº 467), p. 75, 77.

je conclus avec ces quelques lignes d'une œuvre dont je dirai ensuite le titre et l'époque :

À qui parlerais-je aujourd'hui ?
Les frères sont méchants
et les amis d'aujourd'hui privés d'affection.
À qui parlerais-je aujourd'hui ?
Les cœurs sont cupides
et chacun tire à soi les biens du prochain.
À qui parlerais-je aujourd'hui ?
La gentillesse a péri,
et le violent s'en prend au premier venu.
À qui parlerais-je aujourd'hui ?
On se satisfait du mal ;
le bien est partout méprisé.
[...]
À qui parlerais-je aujourd'hui ?
Il n'y a plus de justes.
Le pays est laissé aux fauteurs d'iniquité.

Le passage est extrait du *Dialogue d'un désespéré avec son âme*, un texte de l'Égypte ancienne, daté de 2100 av. J.-C. environ[1]. La réalité est qu'il n'y a jamais eu d'époque durant laquelle il n'y a pas eu de vives préoccupations pour la situation contemporaine en raison du déclin des choses susceptibles de maintenir conjointement la liberté

1. *Dialogue d'un désespéré avec son âme*, Chant II. Traduction et présentation de Jean Lévêque, dans *Sagesses de Mésopotamie, augmentées d'un dossier sur le « juste souffrant » en Égypte*. Paris, Cerf, 1993 (Supplément au Cahier Évangile 85), p. 96.

de l'individu (« À qui parlerais-je aujourd'hui ? ») et la logique du monde. Kant l'avait déjà noté : « Que le monde est mauvais, c'est là une plainte aussi ancienne que l'histoire et même que la poésie plus vieille encore, bien plus, aussi ancienne que le plus vieux des poèmes, la religion des prêtres[1]. »

En disant cela, bien entendu, je ne veux certainement pas dire qu'il n'y a pas de crise, que la sensation d'effritement est fausse et que, par conséquent, nous devrions être joyeux et nous livrer à la dépense, comme cela a été répété il y a quelques mois à peine. Je veux plutôt dire qu'il y a toujours eu crise et qu'être en crise fait partie de la condition humaine, soit en tant qu'individus soit en tant que systèmes sociopolitiques. Et aussi que les choses qui nous maintiennent en tant que liberté sont, inévitablement et depuis toujours, dans un équilibre précaire, constamment soumis à révision, à vérification, à négociation.

2. SPÉCIFICITÉ DE NOTRE CRISE

Si l'humanité est toujours dans un état de crise (c'est-à-dire dans une condition permanente de choix), il est nécessaire de bien identifier la spécificité de la crise de notre temps. Le fondement de l'autorité est ce qui fait

1. Emmanuel Kant, *La religion dans les limites de la simple raison*. Traduction introduite, annotée et indexée par Monique Naar. Paris, J. Vrin, 2004 (Bibliothèque des textes philosophiques), p. 83.

problème. Il fut un temps où le fondement de l'autorité était assuré par des garanties physiques, métaphysiques ou philosophiques de nature à constituer une *religio*, c'est-à-dire un système de pensée qui lie, qui maintient ensemble, et l'autorité fondée dans l'esprit des hommes pouvait constituer l'axe sur lequel on édifiait la société. Ces garanties étant tombées aujourd'hui, l'autorité se retrouve sans fondement et c'est ce qui produit cette sensation d'effritement dont je parle. L'autorité donc doit être refondée. Mais sur quoi ?

La spécificité de la crise de notre temps réside dans l'usure de la crédibilité des trois sommets de ce que je définis comme un « triangle philosophique idéal », c'est-à-dire des trois concepts qui, lorsqu'ils sont interreliés, ont depuis toujours constitué la source des idées qui peuvent exercer une autorité sur les hommes et les garder unis en les structurant comme société. Ces sommets du « triangle philosophique idéal » sont : Dieu, l'homme, le monde[1]. Toute philosophie cohérente qui peut se

1. Löwith parle d'une triade métaphysique : Dieu, l'homme et le monde, qu'il fait remonter aux paragraphes 55-56 de la *Philosophia rationalis sive Logica* de Christian Wolff en 1728 : cf. Karl Löwith, *Gott, Mensch und Welt in der Metaphysik von Descartes bis zu Nietzsche*. Göttingen, Vandenhoeck & Ruprecht, 1967, p. 17. Un peu plus loin, Löwith cite l'affirmation suivante de Heidegger : « Les rubriques : cosmologie, psychologie et théologie – ou la triade nature, homme Dieu – circonscrivent le domaine où se meut toute représentation de la pensée occidentale, quand elle pense l'étant dans sa totalité » (Martin Heidegger, *Nietzsche*, t. II. Traduit de l'allemand par Pierre Klossowski. Paris, NRF Gallimard ©1971 (Bibliothèque de philosophie), p. 52. Dans la même perspective Raimon Panikkar : « Trois grands problèmes se présentent à la conscience humaine et ont préoccupé l'humanité depuis qu'elle a commencé à

proposer comme fondement du vivre en société naît de la capacité d'harmoniser Dieu, l'homme et le monde :

– Dieu, c'est-à-dire la question du sens ultime de l'existence, ou encore la vérité ;
– l'homme, c'est-à-dire la question du but de la vie et des manières de la vivre, ou encore la liberté ;
– le monde, c'est-à-dire la question de l'essence en tant qu'énergie, matière et vie.

Depuis les débuts de la civilisation jusqu'à récemment, au moins un des trois sommets du « triangle philosophique idéal » était en mesure de se proposer comme source d'énergie mentale renouvelée pour affronter les crises et forger des idéaux de cohésion. D'abord ce fut à la nature de constituer l'horizon de sens dans lequel nos ancêtres interprétaient l'existence et la vie en commun. Mais la nature seule s'est avérée insuffisante pour contrôler le désir de la liberté et c'est ainsi que s'est développée la culture en tant que pensée sur le divin et sur l'indépendance de l'homme face à la nécessité de la nature ; le premier sommet du triangle, la nature, a cédé la primauté à la pensée sur Dieu.

Dans les civilisations antiques et au Moyen Âge, la pensée sur Dieu était ce qui créait la base de la vie en

---

utiliser sa propre faculté de penser. Il existe aussi trois principaux champs de la réalité que, d'une façon ou d'une autre, la conscience humaine a identifiés depuis le début : la terre, le ciel et l'être-humain. (Raimon Panikkar, *Le silence du Bouddha. Une introduction à l'athéisme religieux.*)

commun, mais à son tour la théocratie ne s'est pas avérée adéquate pour interpréter le désir de la liberté humaine, et c'est ainsi que naquit la modernité en tant que désir de mettre au sommet non plus la pensée sur Dieu mais celle sur l'homme. Feuerbach écrivait alors : « … la loi suprême et première doit être l'amour de l'homme pour l'homme, *Homo homini deus est* – tel est le principe antique et suprême – tel est le tournant de l'histoire mondiale[1] ».

Aujourd'hui, en cette époque indéfinie qu'on appelle postmodernité, l'idéal ancien du divin aussi bien que l'idéal moderne de l'humain ont épuisé leur capacité de produire une cohésion sociale. Bien qu'ils continuent à être la source principale d'énergie vitale pour un bon nombre de personnes, ils ne peuvent plus se proposer comme fondement du vivre en commun, c'est-à-dire pour représenter « ce qui nous réunit ».

Depuis quelques décennies on assiste à un retour populaire du troisième sommet du « triangle philosophique idéal », la nature, avec le résultat que les détenteurs du savoir sur la nature, c'est-à-dire les scientifiques, font figure d'autorités morales suprêmes à un point tel que ce ne sont pas seulement les aliments mais aussi les idées qui doivent tous avoir une origine rigoureusement biologique. Mais, comme il est déjà arrivé dans le passé, l'homme ne peut éliminer, même aujourd'hui, la culture

1. Ludwig Feuerbach, *L'essence du christianisme.* Présenté et traduit de l'allemand par Jean-Pierre Osier. Paris, François Maspero, 1982, p. 426.

qui naît de la liberté et, par conséquent, se situer pierre parmi les pierres, plante parmi les plantes, animal parmi les animaux. Même s'il le voulait, il ne pourrait pas le faire, parce qu'il y a en lui une inquiétude de fond liée à la conscience de la mort, qui constitue une fracture incontournable, infranchissable avec le monde de la nature, symbolisée par exemple dans le tableau du Guercino *Et in Arcadia ego* de 1622, conservé dans la Galerie nationale d'art ancien de Rome. Il est vrai qu'une telle conscience de la mort peut être vaincue, mais c'est justement là un des objectifs des religions et des philosophies, à savoir de certaines des opérations culturelles les plus élaborées, de telle sorte que même la conciliation avec la nature est en réalité une œuvre de la culture et de la liberté.

Nous nous trouvons donc dans la situation singulière d'avoir besoin, comme chaque époque, d'une *religio* (c'est-à-dire de l'élaboration des idées qui gardent nos libertés), mais de nous retrouver à la différence des autres époques dans l'impossibilité d'avoir accès aux sources traditionnelles d'une telle *religio*. La *religio* applicable à notre époque ne peut être fournie ni par les religions traditionnelles avec leur tension verticale, ni par les idéaux humanistes avec leur tension horizontale, ni par le rêve de la nature comme demeure définitive de l'humanité. Il en découle une insécurité diffuse, un sentiment subtil de dispersion et de naufrage. Nous sommes à l'époque du nihilisme. Et pour quiconque aurait des doutes sur ce que tout cela signifie, voici les paroles limpides de Nietzsche : « Le but fait défaut ; la réponse au “pourquoi ?” fait défaut ; que signifie le nihilisme ? – que les valeurs suprêmes se dévalorisent[1]. »

Ce qui est spécifique à notre époque, c'est cet effritement du « triangle philosophique idéal » qui fait paraître les idéaux sacrés de l'humanité (le bien, la justice, la beauté, la vérité) sans fondement objectif, une pure question de goûts ou d'opportunité, et le seul fait de les nommer en société vaut à coup sûr l'étiquette antipathique de moraliste.

3. NÉCESSITÉ D'UNE IDÉE UNIFICATRICE POUR VAINCRE LA CRISE

Sans les idéaux sacrés de l'humanité, on ne peut pas aller bien loin. Ce qui réunit vraiment les hommes, c'est en réalité la conviction qui guide leur liberté, et dans la mesure où ce guide mental est partagé avec les autres on parvient à constituer le tissu conjonctif qui transforme un agglomérat amorphe d'individus en un système vital appelé société, civilisation, communauté. Ce sont là des termes qui renvoient à une dimension de communion et d'union (société renvoie à *societas* et à *socius*, civilisation

---

1. Friedrich Nietzsche, *Fragments posthumes (Automne 1887 – Mars 1888)*. Textes et variantes établis par G. Colli et M. Montinari. Traduits de l'allemand par Pierre Klossowski et Henri-Alexis Baatsch. Paris, NRF Gallimard, ©1976, p. 27-28. Cf. Martin Heidegger, « Le nihilisme européen », dans *Nietzsche*, t. II. Traduit de l'allemand par Pierre Klossowski. Paris, NRF Gallimard ©1971 (Bibliothèque de philosophie), p. 29-203.

renvoie à *civitas* et à *civis*, et communauté renvoie à *communitas* et à *unitas*). Au plus profond de chaque civilisation, il y a toujours le partage d'une vision du monde précise et structurée qui fait que chaque individu conçoit sa liberté comme partie d'un tout plus vaste et plus important que lui, et auquel cependant il s'identifie. Le pouvoir d'attraction et de fascination de l'idée fait que les êtres humains arrivent à dépasser les intérêts biologiques et privés et à vivre pour quelque chose qui transcende leur biologie et leur vie privée, avec un dévouement tel qu'ils luttent parfois jusqu'à la mort. Quand un dévouement semblable est orienté vers le bien commun et est partagé par la majorité, naissent alors des organisations sociales fondées sur les idéaux de justice, de solidarité, d'égalité et de fraternité. Notre Constitution affirme à l'article 3 : « Tous les citoyens ont une dignité sociale égale et sont égaux devant la loi, sans distinction de sexe, de race, de langue, de religion, d'opinions politiques, de conditions personnelles et sociales. / C'est le devoir de la République d'éliminer les obstacles d'ordre économique et social qui, en limitant de fait la liberté et l'égalité des citoyens, empêchent le plein développement de la personne humaine. »

« Le plein développement de la personne humaine » : voilà l'idée qui, érigée en fondement de notre vivre ensemble en tant que citoyens de la République italienne, devrait constituer l'autorité qui guide nos libertés individuelles et nous structure comme société. Mais cette idée est remise en question et il n'existe plus d'institutions crédibles pour la restaurer.

4. LIBERTÉ EN RELATION

Le problème est si profond qu'aucun individu, et moi encore moins, ne peut offrir une solution. Je ne veux cependant pas m'exempter de présenter la seule perspective qui, à mon avis, peut donner au système social sa cohérence sans éliminer la liberté, et en évitant le double risque d'une liberté qui annule la cohésion (individualisme et anarchie) et l'extrême opposé d'une cohésion qui annule la liberté (collectivisme et dictature : que cette dernière soit politique, théocratique ou technocratique ne change pas grand-chose). Bien entendu, il doit être clair que le problème de l'autorité qui garde ensemble nos libertés ne pourra jamais offrir une solution définitive, sinon la liberté s'en verrait diminuée. En fait, la liberté n'existe que dans la mesure où elle se trouve dans un état constant de crise, un mot qui dérive du grec et veut dire « choix ». Il en découle qu'une société d'humains qui choisissent et qui, de ce fait, sont libres est nécessairement instable, inquiète, toujours à la recherche du point d'équilibre. Mais justement pour cette raison, elle a besoin de critères directeurs pour définir son propre point d'équilibre.

Je veux maintenant exposer les deux conditions qui, à mon avis, sont décisives pour la production d'un système cohérent, capable de garder ensemble les individualités libres :

– la conviction que la liberté existe ;
– la conviction que la liberté s'accomplit dans la relation.

La première condition est l'existence de la liberté, de ce « principe [de] responsabilité » célébré par Hans Jonas comme notre dimension la plus précieuse[1]. Sur ce point je me limite à dire qu'on défend la liberté contre ses nombreux ennemis, parmi lesquels l'immoralisme qui la fait sombrer dans le libertinage, le fondamentalisme religieux qui nie la libre autodétermination et le fondamentalisme scientifique qui nie le libre arbitre.

La deuxième condition est la relation, c'est-à-dire la conviction que la liberté de l'individu se réalise d'autant plus qu'on se referme moins sur soi et qu'on s'ouvre à la relation avec les autres. Cette logique relationnelle de la liberté se fonde sur la logique relationnelle de notre organisme physique en tant que processus ininterrompu d'agrégation. Si nous existons vraiment comme individualité libre, c'est parce que les atomes moléculaires, les cellules moléculaires, les cellules tissus, les tissus organiques et les organismes regroupés en systèmes finissent par former l'organisme à la source de la psychè, de la

1. Voir aussi Hans Jonas, *Le principe responsabilité. Une éthique pour la civilisation technologique*. Traduit de l'allemand par Jean Greisch. Paris, Cerf, 1990 (« Passages »).

raison, du sentiment, de la liberté. La logique qui nous a portés et qui maintient dans l'existence chacun de nous en tant qu'individualité libre est la logique de la relation harmonieuse. Le passage décisif consiste dans le transfert au niveau social de la même logique harmonieuse qui tisse notre physique.

Les enzymes qui, pour un temps, permettaient ce transfert du plan physique au plan social (l'idée de la nature) ne fonctionnent plus individuellement et par conséquent il faut qu'ils soient harmonisés entre eux. Aucune pensée qui affirme aujourd'hui Dieu au détriment de l'homme et du monde ne peut garder les hommes unis ; aucune pensée qui affirme aujourd'hui l'homme au détriment de Dieu et du monde ne peut garder ensemble les hommes ; aucune pensée qui affirme le monde naturel au détriment de Dieu et de l'homme ne peut garder les hommes unis. C'est précisément, par conséquent, le devoir de la pensée responsable : harmoniser les trois sommets « du triangle philosophique idéal ».

Les philosophies et les religions, c'est-à-dire ces systèmes de pensée qui naissent de la liberté et qui, par conséquent, savent l'interpeller et la façonner, sont appelées à une conversion radicale à cet idéal plus grand qu'elles. Je suis en train de dire que chaque religion doit accomplir le passage historique suivant : se concevoir non comme absolue, mais comme relative au bien et à l'harmonie du monde. Il s'agit d'un passage qui préfigure un nouveau paradigme conceptuel que d'aucuns qualifieraient de

« relativiste », mais qui est en fait relationnel. De manière figurée, cela s'exprime non plus comme un triangle, où il y a nécessairement toujours un sommet, mais comme un cercle où chaque point est simultanément sommet et base et où tout tourne comme la roue de la vie.

Les hommes de notre temps sont-ils prêts pour ce changement radical de mentalité ? Chacun doit répondre pour lui-même et pour sa propre tradition d'appartenance. Je réponds pour la mienne, qui est le christianisme catholique, et ma réponse est non. Le catholicisme tel qu'il est configuré aujourd'hui n'est pas prêt pour ce changement historique de paradigme, indispensable pour retrouver les idées qui peuvent garder ensemble les diverses libertés. Le catholicisme vit encore sur le fondement du principe de l'autorité doctrinale et n'est pas prêt pour le principe de l'authenticité relationnelle. Mais pour cette raison justement, il a besoin d'une théologie et d'une spiritualité responsables comme, par exemple, celle que j'ai apprise de mon maître, le cardinal Carlo Maria Martini.

Entretiens avec Carlo Maria Martini

par Eugenio Scalfari

Premier entretien

Rome, octobre 1996*

Les salles du palais de la Chancellerie sont à la hauteur des promesses de la galerie conçue par Bramante il y a cinq siècles et du grand escalier qui y conduit : le grand style du XVe siècle italien, dans lequel l'harmonie des proportions se conjugue avec la légèreté aérienne des structures, avec le travertin des vestibules, le faste des fresques qui couvrent les murs et la gravité solennelle des plafonds et des stalles sur lesquelles ont siégé durant des siècles les chanceliers de la Signature apostolique et les juges des tribunaux ecclésiastiques. Je monte ces escaliers en compagnie du cardinal Carlo Maria Martini, archevêque de Milan, et de Monseigneur Paglia de la communauté de Sant' Egidio, qui a organisé une rencontre de quatre jours à l'enseigne d'un slogan qui est aussi une déclaration de

* Article publié le 11 octobre 1996, sous le titre « Le laïc, le cardinal et le pays dépourvu d'éthique ».

foi, « Le nom de Dieu est Paix » ; tables rondes, débats, rencontres entre prêtres et intellectuels du monde entier et de toutes les religions, croix dorées sur les soutanes, tuniques ocres des moines bouddhistes, couvre-chefs de diverses couleurs et aux formes les plus étranges, prêtres, pasteurs, patriarches, rabbins, musulmans, coptes, quatre cents représentants des religions, deux ou trois cents dignitaires de la Curie, dirigeants d'associations catholiques, évêques de diocèses de toute l'Italie.

Alors qu'il monte, Martini est assiégé par les caméras et les photographes et par des collègues prêtres, qui s'attroupent autour de lui avec une affection teintée d'une agitation facilement perceptible : cet homme, ce pasteur des âmes est une ressource exceptionnelle pour l'Église qui traverse une phase de transition difficile et passablement éprouvante.

Je lui demande si, tout cardinal qu'il est de la Sainte Église romaine, il est encore membre de la Compagnie de Jésus. Il me répond que non : un évêque ne peut faire partie d'un Ordre ni être soumis à sa hiérarchie. « Cependant, dit-il, quiconque a grandi dans la Compagnie ne peut oublier l'esprit et la formation mentale qu'il y a acquise dans les premières années de son sacerdoce. »

Nous avons été invités, le cardinal et moi, à animer un « débat sur la foi » avec toutes les problématiques qui peuvent exister entre un membre éminent de la hiérarchie ecclésiastique et un laïc non croyant. Ce sera la dernière activité de la rencontre, avant sa conclusion.

Les salles sont remplies, et on entrevoit par les baies vitrées le ciel limpide d'un octobre romain. Monseigneur Paglia introduit le thème ainsi que les deux interlocuteurs, après avoir convenu que la charge me reviendrait de poser les questions et à mon interlocuteur vêtu de pourpre celle de donner les réponses.

Le débat débute à neuf heures trente et durera deux heures. Il se conclura avec un très long applaudissement pour Martini, pour les thèmes discutés et pour les conclusions auxquelles on sera parvenu.

E. SCALFARI : Un débat entre nous deux sur la foi, cardinal Martini ? Je ne vous cache pas que le thème, défini d'une façon aussi explicite, me dérange. Vous avez toute l'autorité, au-delà de l'habit que vous portez, pour en parler en toute connaissance de cause et avec passion, tandis que moi je ne pourrai faire autrement que de témoigner de ma non-croyance. Nous arriverons à en parler, mais je ne crois pas que ça puisse être le centre de notre rencontre. Si vous êtes d'accord par contre, le thème peut être l'engagement moral et les œuvres qui en découlent. Il peut y avoir là, et je souhaite qu'il y ait là un terrain de convergence entre les religieux et les non-religieux. Pour cette raison, je vous poserai, en guise d'introduction, une première question concernant l'égoïsme. On a la sensation que l'égoïsme des individus et des groupes sociaux a atteint à notre époque un niveau très élevé, tandis que nous constatons un déclin de l'engagement moral, de la compréhension et de la solidarité envers les autres. De quoi dépendent cet affaiblissement de la moralité et cette propagation irrésistible de l'égoïsme ? Est-ce un mal du siècle ? Et quelles en sont les causes ? Voilà ma première question à l'archevêque de Milan, qui siège sur la chaire qui fut celle d'Ambroise ainsi que de Charles et Frédéric Borromée.

C. M. MARTINI : Je suis d'accord avec cette façon d'introduire notre dialogue. Du reste, les questions sur la foi ne peuvent nous voir opposés mais bien désireux tous les deux d'approfondir le thème parce que ces questions, ces contradictions existent en chacun de nous. Chacun de nous est à la fois croyant et sceptique, plein d'espérance et désespéré, confiant en l'au-delà et craintif devant la mort. Nous en parlerons, mais pour l'instant vous m'interrogez sur l'égoïsme. En fait je ne suis pas du tout sûr que le niveau d'égoïsme ait augmenté par rapport aux siècles passés. Bien sûr, il y a certains signaux dramatiques en ce sens : je pense à la cruauté des guerres entre des ethnies différentes et intolérantes et aux massacres qui en sont dérivés ; je pense à la propagation de la corruption, aux mafias, à l'obsession qu'on a de privilégier par-dessus tout son propre intérêt cupide en piétinant celui des autres et en leur refusant toute compréhension. Malheureusement ces phénomènes ne sont pas une caractéristique exclusive de la société moderne. Nous en avons hérité depuis Caïn déjà. Mais à côté de ces aspects qui violent les valeurs suprêmes de la dignité humaine, il y en a d'autres qui suscitent confiance et espérance : le partage des souffrances des victimes et la sensibilité envers les gens abattus, par exemple, ont atteint justement en cette fin de siècle [Note du traducteur : cet entretien a eu lieu en 1996] une intensité jamais vue auparavant ainsi que la participation d'un nombre imposant de jeunes au bénévolat, à l'assistance aux pauvres, aux marginaux, aux perdants. Il ne s'agit pas là de faits isolés mais de phénomènes de masse, et c'est pourquoi je me sens incapable d'affirmer que le niveau d'égoïsme ait augmenté et que celui de la moralité soit en déclin. J'ai par contre une autre préoccupation, profonde celle-là : il y a eu dans notre siècle des idéologies qui ont légitimé ou tenté de légitimer l'égoïsme, celui de groupe, d'ethnie, de nation. Ces idéologies ont appelé les ténèbres lumière et la lumière ténèbres. Je crains cela plus que tout : la légitimation idéologique du mal et cela, oui, est une nouveauté de notre époque qui fait peur.

S. : Vous avez raison, Monsieur le cardinal, l'égoïsme est un instinct dont notre condition humaine ne peut se détacher ; je dirais un instinct biologique orienté vers la survie de chaque individu. Je pense la même chose de la moralité : elle se fonde, elle aussi, sur un instinct qui vise à protéger la survie de l'espèce. Le conflit entre ces deux pulsions est constant et survient à tout moment au-dedans de nous : c'est tantôt l'une qui prévaut et tantôt l'autre.

M. : Il fut dit à Caïn : « Le péché n'est-il pas à la porte… pourras-tu [le] dominer ? » (Genèse 4,7). Mais je ne crois pas qu'il s'agit seulement de deux instincts de nature biologique comme vous le soutenez.

S. : Vous posez dans le divin l'élan vers la vie, tandis que moi j'en reconnais l'origine dans notre nature humaine même.

M. : Il y a une différence et elle est radicale, mais permettez-moi de dire que je suis rassuré de constater que même quelqu'un comme vous, qui ne croit pas, ressent toutefois un enracinement aussi profond du sentiment moral dans la nature humaine.

S. : Vous parliez plus tôt d'idéologies qui légitiment l'égoïsme de groupe, d'ethnie, de pouvoir, et vous rappeliez les souffrances et les massacres qui en ont découlé. Ces idéologies se sont écroulées, brisées par leur folie et par leur position contre la nature humaine elle-même. Mais, à leur place, une autre idéologie a grandi, plus subtile, dépourvue heureusement des résultats féroces de celles qui se sont écroulées, mais non moins insidieuse et dévastatrice pour les consciences. Je parle de l'utilitarisme qui se répand désormais sur toute la planète. Ne pensez-vous pas, Monsieur le cardinal, que cette idéologie réelle et particulière représente un danger pour le sentiment moral ?

M. : En fait, elle me préoccupe beaucoup. Elle aussi tente de légitimer l'égoïsme des individus au détriment de la moralité solidaire et appelle lumière ce qui, à mes yeux, est ténèbres, comme disait Isaïe. De fait, elle codifie le droit des forts de l'emporter sur les faibles, ce qui est le contraire des béatitudes évangéliques. Mais voyez : il y a une autre idéologie qui me préoccupe et qui, elle aussi, prend de l'expansion. C'est un scepticisme diffus, un désengagement des valeurs fortes, la conviction qu'il n'y a rien dans la vie qui vaille la peine d'être accompli sauf son plaisir personnel et son propre bonheur immédiat. On se désengage du risque et de la responsabilité, on ne veut pas grandir, on veut rester dans une enfance qui n'est plus innocente mais par ailleurs irresponsable, on repousse les mariages, la procréation, l'effort, on refuse de prendre en charge les autres. Bref on joue, on saisit l'instant et rien d'autre.

S. : Veuillez m'excuser, cardinal Martini. Vous décrivez une société ludique et infantile qui fuit le sens des responsabilités et vous voyez cette tendance contemporaine comme un fait dégénératif. Je suis moi aussi de la même opinion, mais vous attribuez cette dégénérescence au scepticisme et vous introduisez ainsi dans notre débat l'ancienne opposition entre la foi d'un côté et de l'autre l'attitude critique qui privilégie la raison. Vous ne devez pas oublier qu'il y a des sceptiques qui ont fait preuve d'un engagement moral profond. Je songe ici à Voltaire et à sa vie vouée à la défense de la tolérance et des faibles contre l'arbitraire des puissants.

M. : Je ne pensais pas au scepticisme noble, philosophique, d'âmes fortes. Je pensais plutôt à l'indifférence envers tout ce qui n'est pas le plaisir éphémère à cueillir au jour le jour. Vous me demandez en pratique à quel point en est, de notre point de vue, la dispute séculaire entre l'Église et les Lumières à partir desquelles une grande partie de ce qui est appelé la pensée moderne a pris naissance. Eh bien, il est certain que cette polémique a pris lors du siècle dernier des tons âpres et excessifs chez les deux parties. Aujourd'hui la culture postmoderne formule à l'encontre des Lumières la même critique que l'Église lui lançait depuis le tout début, qui est celle d'avoir planté la semence jacobine de la conscience totalitaire de la société.

S. : Et l'Église, Monseigneur cardinal, n'a rien appris de cette confrontation ?

M. : Oh que si, elle a appris ! L'Église a appris la valeur de la liberté politique et n'en a plus peur. Mieux, elle en a fait son emblème. Ça vous semble peu ?

S. : Ça me semble énorme, à condition qu'on le reconnaisse. Je vous remercie de l'avoir dit. Si vous me permettez, je vous pose une autre question : ne pensez-vous pas qu'il y ait un quelconque rapport entre un certain affaiblissement du sens moral et un déclin évident du sentiment religieux dans le monde ?

M. : Le sujet est complexe : cherchons à l'analyser clairement. Il ne me paraît pas qu'il y ait un déclin du sentiment religieux mais il y a, assurément, un affaiblissement des grandes religions monothéistes traditionnelles. On voit fleurir et se propager d'autres types de religiosité, certaines avec une conception très vague et indistincte du sacré, d'autres avec une vision – comment dire ? – sectaire et militante. La conséquence est justement un affaiblissement de l'engagement et de la responsabilité morale.

S. : Vous pensez aux sectes qui se multiplient dans les sociétés occidentales les plus avancées technologiquement et vous pensez – à ce que je crois comprendre – au phénomène des fondamentalistes.

M. : C'est exactement à ces deux aspects que je pense. Les deux sont des déviations par rapport à la vision du sacré comme il a été prêché et vécu par les grandes religions monothéistes et en particulier par la religion chrétienne.

S. : Voulez-vous approfondir ces aspects, Monsieur le cardinal ? Pourquoi ces deux déviations ont-elles un impact négatif sur l'engagement moral ?

M. : Voyez, la religiosité ne coïncide pas toujours avec le bien. Il existe une religiosité faible, vague, quasi indistincte, qui tend à coïncider avec l'exubérance. Je dirais avec l'extase, avec l'ivresse. C'est là où les sectes prennent racine. Les sectes partent d'un refus de la modernité mais elles ne cherchent pas à œuvrer pour introduire des éléments correctifs dans la modernité ; elles choisissent au contraire des voies d'évitement, des sentiers qui peuvent mener à des pratiques magiques, et, parfois, dans des cas extrêmes et horribles, à des pratiques de suicide collectif et à mille autres aberrations semblables. L'autre déviation, comme vous l'avez définie, est celle du fondamentalisme : la vision d'un Dieu tellement fort et violent qu'on s'oppose à toutes les autres conceptions du sacré et du divin et qu'on les écrase. Contre ces deux conceptions distinctes du sacré se dresse le mystère de la douceur du Christ sur la croix. Elle embrasse toutes les faiblesses humaines, toutes les chutes, toutes les contradictions et elle construit l'amour pour l'autre, fût-il son ennemi, à partir de la croix. C'est ici qu'on récupère les valeurs de liberté, de justice et de fraternité et il n'existe donc aucune contradiction entre une identité chrétienne forte et le pluralisme œcuménique.

S. : Vous parlez, Monseigneur, – permettez que je le dise – un langage très touchant. J'en déduis donc que l'image biblique du Dieu des armées est entièrement dépassée.

M. : C'était des armées angéliques.

S. : Les croisades, toutes les croisades, même celles qui sont encore lancées périodiquement à notre époque, n'étaient et ne sont certainement pas des armées angéliques...

M. : L'Église d'aujourd'hui ne fait pas de croisades. Elle fait plutôt des œuvres de mission, qui sont une tout autre chose.

S. : Vous parliez plus tôt de la défense de la vie, à ne pas confondre avec l'exubérance de tout acabit. Le thème de la vie amène notre discours sur un terrain passablement concret, terrain de frontière entre laïcs et catholiques : je pense ici à toute la question des rapports sexuels en général et de ceux de la procréation en particulier. Je ne voudrais pas discuter ici du thème de l'avortement. Il a été tellement débattu et chacune des parties opposées est restée campée sur sa propre opinion. Ce qui m'intéresse plutôt, c'est votre avis sur le contrôle de l'explosion démographique en cours dans de vastes zones de la planète, qui de surcroît coïncident avec les zones les plus pauvres et les plus sous-développées. S'obstiner, dans ces pays, à ne pas contrôler les naissances n'est pas une protection de la vie mais simplement une préparation assurée à la mort pour les enfants qui sont mis au monde dans des situations insupportables. Pourquoi, malgré l'évidence des faits, l'Église met-elle l'emphase sur une attitude de condamnation de toute stratégie de contrôle des naissances ?

M. : Vous avez raison de signaler l'explosion démographique comme un des phénomènes les plus graves que nous ayons à affronter, et l'Église en est parfaitement consciente. Mais je fais deux observations : 1) le phénomène se produit principalement dans des pays pauvres, très pauvres. Dans ces pays la présence et donc l'influence de l'Église est minime ; 2) le problème du contrôle des naissances n'est pas lié à la religion mais à la culture qui existe historiquement dans ces régions. Cela dit, l'Église s'est posé depuis longtemps la question de la maternité et de la paternité responsables et de la régulation des naissances. Certes, l'Église veut que les méthodes utilisées soient conformes à la culture des lieux et respectueuses de la nature humaine. Je trouve franchement excessif de nous faire porter le poids de l'explosion démographique ;

dans les pays où la présence catholique est importante les naissances ont plutôt diminué jusqu'à l'excès, en Europe et en Italie en particulier.

S. : Éminence, comment se sent-on quand on est pasteur d'âmes dans un pays où les catholiques sont désormais une minorité ? Peut-être que les vrais catholiques en Italie sont depuis toujours une minorité, bien que la presque totalité soit des baptisés. Mais le fait est maintenant devenu évident et cela marque une différence. Personnellement je souhaite que cela améliore la qualité du catholicisme. Quel est votre avis ?

M. : C'est vrai, les catholiques engagés ont toujours été une minorité et il est vrai, d'autre part, que les catholiques eux-mêmes n'en ont pris conscience que récemment…

S. : Disposez-vous de certains chiffres, de certaines statistiques ?

M. : Oui, il y a plusieurs recherches sur le sujet. Je voudrais utiliser l'image d'un arbre pour me faire mieux comprendre. Un arbre est composé de plusieurs parties : disons la sève, les fibres, l'écorce. La sève, ce sont les catholiques très engagés ; selon les chiffres que nous possédons, ils représentent environ 8 % de la population. Les fibres de l'arbre sont constituées par les catholiques qui fréquentent régulièrement la messe et les sacrements mais sans autres engagements particuliers. Les différents recensements oscillent entre un minimum de 20 % et un maximum de 40 %. Tout le reste est l'écorce : des baptisés, avec un minimum d'éducation catholique reçue dans l'enfance et puis plus aucun contact, voire un éloignement quasi total sans pour autant être nécessairement hostile. Disons : détachement. Ce n'est pas facile de gérer pastoralement une situation aussi complexe.

S. : Dites-vous que le fait d'en avoir pris conscience nous rendra meilleurs ? C'est possible ; sortir de l'indifférence, ne fût-ce le fait que d'un petit nombre, est tout compte fait un progrès. Dans votre dernière lettre pastorale d'il y a quelques mois et puis dans des déclarations publiques successives vous avez formulé une critique très sévère à l'endroit du sécessionnisme de certains mouvements politiques et affirmé comme une valeur l'unité nationale. Je voudrais vous demander : avez-vous pris cette position pour des raisons d'opportunité politique ou pour des considérations d'ordre moral ?

M. : C'est la deuxième hypothèse qui est juste. Un évêque n'a pas et ne doit pas avoir de préférences politiques, mais quand il se rend compte que des discriminations ethnico-géographiques sont en jeu, que l'exclusion des autres est alimentée par le bien-être individuel, qu'on fait croître un sentiment de supériorité et de mépris à l'égard de citoyens d'autres régions, alors là nous sommes en présence de ces égoïsmes néfastes dont nous avons parlé au début, et là c'est notre devoir d'intervenir en parlant haut et fort.

S. : Une dernière question, Monsieur le cardinal. Vous devez représenter Dieu à la société moderne s'il est vrai, comme plusieurs d'entre vous le disent, qu'elle est devenue terre de mission. Avec quelles images le présenterez-vous ?

M. : Avec celle qu'il a toujours eue historiquement et qui n'est ni désuète ni dépourvue d'actualité ; elle est d'une très grande modernité. Le divin se présente dans l'humilité des béatitudes : bienheureux les pauvres, bienheureux les simples, bienheureux les humbles, bienheureux les faibles et ceux qui souffrent. Le divin a aussi le visage du saint d'Assise ; le divin nous libère de l'angoisse de la mort, il suscite la joie dans la vie et nous donne l'assurance de l'au-delà. Nous représentons la douceur de Jésus de Nazareth non pas en des termes triomphalistes et écrasants ; Jésus n'écrase personne, au contraire il est le Dieu qui s'est fait broyer par amour pour l'homme. Mais je vois que je suis en train de jouer au pasteur avec vous : veuillez m'en excuser. Permettez plutôt que pour conclure notre rencontre je vous pose deux questions, auxquelles vous voudrez bien me répondre, je l'espère. La première question : nous sommes face à de grands défis et il est nécessaire que les hommes de bonne volonté les affrontent ensemble même en partant de cultures et de points de vue divers. Comment pouvons-nous nous comprendre et nous aider davantage ? Deuxième question, très personnelle celle-là : de quelle manière un laïc non croyant comme vous lit-il le sens global de la vie et de notre existence ?

S. : Je vous suis très reconnaissant pour les questions que vous m'adressez. À la première question, il est facile pour moi de répondre que nous devons nous comprendre mieux et davantage. La rencontre d'aujourd'hui peut être très utile et je n'hésite pas à vous dire que personnellement j'en ressors plus riche et plus conscient. La deuxième question nécessiterait de ma part un long exposé trop personnel pour intéresser un public aussi vaste et aussi averti. Mais je ne veux pas l'esquiver. Je répondrai donc sur un seul point mais qui m'apparaît somme toute central. Je considère notre espèce comme une parmi tant d'autres du monde animal parce que nous sommes en tout point des animaux à l'exception d'une particularité : nous jetons sur nous-mêmes un regard de l'intérieur, nous possédons un esprit qui réfléchit sur lui-même et nous avons la conscience de notre condition mortelle. L'ensemble de ces facultés est ce qu'on appelle la conscience et c'est notre trait distinctif, notre nature. Voyez-vous, cardinal Martini, je crois qu'une fois le moment de la mort arrivée, il n'y a plus personne, plus personne qui nous attende, mais cette conviction ne suscite chez moi ni désespoir ni désengagement. La conscience de devoir mourir n'est pas l'acte final, mais l'acte initial de la vie de chacun, celui qui conditionne tout ce que nous ferons par la suite. Tout au long de la vie nous défions la mort et c'est ce qui nous pousse à l'action et à l'engagement. Sur ce terrain nous pouvons nous rencontrer : à vrai dire, nous nous sommes déjà rencontrés.

M. : Moi aussi, je tiens à vous le dire, je sors de cette rencontre avec une confiance accrue et une plus grande espérance.

Deuxième entretien

Gallarate, 10 juin 2009*

Le visage est amaigri mais les yeux d'un bleu intense le rendent d'autant plus lumineux. Il me regarde fixement, comme pour me reconnaître. Il y a plusieurs années que nous ne nous rencontrons pas même si nous avons souvent éprouvé le sentiment d'échanger à distance sentiments et pensées. Treize ans se sont écoulés depuis ce débat à deux voix organisé par don Vincenzo Paglia, alors assistant ecclésiastique de la communauté de Sant' Egidio, dans le grand salon du Palais de la chancellerie à Rome, devant un auditoire débordant de prêtres de toute provenance avec leurs costumes multicolores : évêques et cardinaux de la Sainte Église romaine en soutanes et barrettes rouges, coptes, patriarches de l'Église orientale, pasteurs protestants, anglicans. Il y avait aussi, à ma souvenance,

* Article publié le 18 juin 2009, sous le titre « Le cardinal Martini : "Un concile sur le divorce" ».

quatre moines bouddhistes. Nombreux étaient les jésuites, en habit noir et encore tout jeunes, venus l'écouter lui, leur compagnon de séminaire et de congrégation, devenu par la suite cardinal et archevêque de Milan, le cardinal Carlo Maria Martini. Ce débat avait comme thème : « Le nom de Dieu est Paix » et comme sous-titre : « Qu'est-ce qui peut unir aujourd'hui les catholiques et les laïcs ? » Il fit d'abord un préambule – faire des préambules est une habitude qu'il a pour mieux définir le sujet.

Il dit : « Je ne suis pas ici pour faire du prosélytisme, et c'est pourquoi nous ne parlerons pas de foi et de théologie mais d'éthique et de convictions. » Je le remerciai à mon tour et la discussion s'est amorcée. Mais nous nous sommes d'emblée rendu compte que nous étions d'accord sur tout, son éthique était la mienne – lui la recevait d'en haut et moi de l'autonomie de ma conscience, et tous les deux nous nous posions le problème de la rencontre entre le sentiment religieux et une modernité laïque et relativiste.

Depuis lors, la figure de l'archevêque de Milan a été pour moi un point de référence, j'ai suivi son œuvre pastorale destinée aux croyants et son dialogue constant avec les non-croyants, son rapport avec le cardinal Silvestrini, avec Pietro Scoppola, avec la communauté de Sant' Egidio, avec les différents membres de la Compagnie de Jésus. J'ai lu ses livres et en particulier *Le rêve de Jérusalem.* Et maintenant, publié tout récemment, *Nous sommes tous dans la même barque*, un long dialogue avec don Luigi Verzé, fondateur de l'hôpital San Raffaele à Milan et de l'université qui porte le même nom. Ce binôme Martini-Verzé a surpris plusieurs amis du cardinal. Le fondateur du San Raffaele est un personnage remarquablement entreprenant qui a bien peu en commun avec Martini.

« Pourquoi l'a-t-il choisi, lui justement, comme interlocuteur ? »

Le cardinal répond ainsi : « Don Luigi et moi sommes très différents tant par le tempérament que par la formation ; nos biographies sont diverses, de même que nos visions politiques et sociales. J'ignore si don Luigi et moi avons les mêmes solutions face à des choix de plus en plus difficiles. Mais nous sommes dans la même barque, la barque de l'Église, même avec toutes nos différences. Ce que nous avons en commun, c'est un grand amour de l'Église, une passion ardente pour le Verbe incarné Jésus Christ et le désir que l'Église vienne à la rencontre de la société moderne et la comprenne. »

L'explication est claire, les différences entre les deux ressortent du livre, mais l'objectif commun est de porter à l'attention des chrétiens catholiques des problèmes qu'on ne peut renvoyer à plus tard. Je demande à Martini quels sont ces problèmes par ordre d'importance.

« Avant toute chose, l'attitude de l'Église vis-à-vis des divorcés, puis la nomination ou l'élection des évêques, le célibat des prêtres, le rôle du laïcat catholique, les rapports entre la hiérarchie ecclésiastique et la politique. Ces problèmes vous paraissent-ils faciles à résoudre ? Peuvent-ils intéresser un laïc non croyant comme vous ? » Il me regarde en souriant et se rassied sur la chaise qui grince ; la crainte me vient qu'elle soit inconfortable, mais lui me rassure : « Ne vous inquiétez pas, elle est solide. Seulement, c'est moi qui bouge trop. »

Nous nous trouvons dans une chambre très sobre – une longue table et quelques chaises –, dans la maison de repos des jésuites à Gallarate. Le cardinal, avant de me recevoir, a rencontré une cinquantaine de prêtres venus de la périphérie milanaise. Ils voulaient entendre ses paroles de foi et d'espérance dans une société de moins en moins chrétienne et de plus en plus indifférente.

E. SCALFARI : Indifférente envers quoi ?

C. M. MARTINI : Il n'existe plus de vision du bien commun. Le sentiment dominant est celui de défendre son propre intérêt particulier et celui de son propre groupe. Peut-être pensent-ils être de bons chrétiens parce qu'ils vont quelquefois à la messe et amènent leurs enfants aux sacrements. Mais le christianisme, ce n'est pas cela ; ce n'est pas seulement cela. Les sacrements sont importants s'ils viennent couronner une vie chrétienne. La foi est importante si elle procède de concert avec la charité. Sans la charité, il n'y a ni espérance ni justice.

S. : Cardinal Martini, vous avez affirmé en maintes occasions l'importance de la charité, mais peut-être faut-il définir avec précision ce que vous entendez par ce mot. Je ne crois pas que ça se limite à faire du bien au prochain.

M. : Faire du bien au prochain, l'aider, en est certainement un aspect important mais n'est pas l'essentiel de la charité. Il faut écouter les autres, les comprendre, les inclure dans notre affection, les reconnaître, briser leurs solitudes et être leurs compagnons. Bref, les aimer. La charité n'est pas l'aumône. La charité prêchée par Jésus est pleine participation au sort des autres. Communion des esprits, lutte contre l'injustice.

S. : Dans votre livre *Le rêve de Jérusalem* vous dites qu'il existe de nombreux péchés et que l'Église en a fait une longue liste mais, à votre avis, le vrai péché du monde – c'est bien ainsi que vous dites si ma mémoire est bonne –, c'est l'injustice et l'inégalité. Si j'ai bien compris vos paroles, la charité consiste à lutter contre l'injustice ?

M. : Jésus a dit que le règne de Dieu sera celui des pauvres, des faibles, des exclus. Il a dit que l'Église devrait avoir comme mission d'être proche d'eux. Telle est la charité du peuple de Dieu prêchée par son Fils fait homme pour notre salut.

S. : Cardinal, qu'est-ce que vous entendez par peuple de Dieu ? Le laïcat catholique est-il le peuple de Dieu ?

M. : Toute l'Église est peuple de Dieu, la hiérarchie, le clergé, les fidèles.

S. : Les fidèles ont-ils un rôle actif dans le gouvernement de l'Église, dans la participation, dans l'administration des sacrements, dans le choix de leurs pasteurs ?

M. : Ils ont certainement un rôle mais ils devraient l'exercer beaucoup plus pleinement. C'est trop souvent un rôle passif. Il y a eu des époques dans l'histoire de l'Église où la participation active des communautés chrétiennes était beaucoup plus intense. Quand j'ai parlé plus tôt d'une indifférence rampante, je pensais justement à cet aspect de la vie chrétienne. Il y a là une lacune, une défection silencieuse en particulier dans la société européenne et dans la société italienne.

S. : Pensez-vous à la faible fréquentation des sacrements, de la messe, à la pénurie des vocations ?

M. : Ce sont là des aspects externes et non substantiels. La substance, c'est la charité, la vision du bien et du bonheur communs. Bonheur non seulement pour nous mais pour les autres et non seulement ici et tout de suite mais pour les enfants et les neveux et nièces, les générations futures.

S. : Est-ce que l'Église institutionnelle en fait assez dans ce sens ?

M. : Elle en fait beaucoup, mais elle devrait en faire beaucoup plus.

S. : Cardinal Martini, je voudrais vous poser une question plus délicate. Un écrivain catholique célèbre, Vittorio Messori, a écrit récemment que l'Église institutionnelle, c'est-à-dire le Vatican, son Secrétariat d'État et ses nonces répartis à travers le monde, ne peut sanctionner les vices individuels des puissants. Son devoir est de formuler des accords, des concordats, d'affronter les problèmes concrets de pouvoir à pouvoir. Elle a fait des accords avec Hitler, avec Mussolini, avec Pinochet, avec Franco, avec Craxi. Si elle les avait jugés publiquement sur leurs comportements, sur leur moralité, elle n'aurait pas pu faire œuvre politique comme c'est son devoir. Le problème, d'après Messori, concerne plutôt le confesseur, si tant est que quelqu'un parmi ces puissants se confesse. Bref, le thème du salut concerne le clergé et ses pasteurs, les curés et les évêques qui ont le soin des âmes. Êtes-vous d'accord avec cette distinction entre les institutions vaticanes et le clergé ayant des fonctions pastorales ?

M. : En vérité, je ne suis pas tellement d'accord ; la distinction faite par Messori nous renvoie à une période où le pouvoir temporel existait et où le pape était avant tout un souverain. Mais grâce à Dieu ce pouvoir est chose du passé et ne peut plus être restauré. C'est heureux qu'il soit une chose du passé. Bien sûr, il existe une structure diplomatique du Saint-Siège, mais toujours composée uniquement de prêtres, dont le but ultime est celui de témoigner de la prédication évangélique et de son contenu prophétique. J'ajoute que la structure diplomatique, selon moi, est par trop redondante et mobilise beaucoup trop les énergies de l'Église. Il n'en a pas toujours été ainsi. Durant des siècles et des siècles dans l'histoire de l'Église une telle structure n'a même pas existé et elle pourrait, dans l'avenir, être fortement réduite sinon proprement démantelée. Le devoir de l'Église est de témoigner de la parole de Dieu, du Verbe incarné, du monde des justes qui adviendra. Tout le reste est secondaire.

S. : Les Églises protestantes n'ont-elles pas elles aussi des structures similaires ? Ne sont-elles pas nécessaires pour protéger la liberté religieuse et l'espace public dont l'Église a besoin pour propager ses valeurs ?

M. : Les Églises protestantes n'ont pas de structures centralisées et puissantes comme la nôtre. Elles ont des organisations très différentes. Elles sont, de ce point de vue, plus faibles que l'Église catholique, mais sur d'autres aspects elles sont davantage à l'unisson avec leurs fidèles.

S. : Le problème que vous soulevez existe indubitablement. Concerne-t-il les évêques ? Peut-être la figure du pape, qui n'existe que dans l'Église catholique, a-t-elle pour effet une certaine ingérence politique qui a survécu au pouvoir temporel proprement dit.

M. : Le pape est avant toute chose l'évêque de Rome. Pour nous, catholiques, il est le vicaire du Christ sur terre et nous lui devons amour, respect et obéissance, sans oublier toutefois que l'Église apostolique repose sur deux piliers : le pape et sa communion avec les évêques. En ce qui concerne le consistoire qui a précédé le dernier conclave, je me rappelle qu'il y a eu un débat préliminaire pour définir un portrait idéal du futur pontife. Quand vint mon tour de parler, je dis que nous devions élire l'évêque de Rome. Je voulais dire par là que, de toute façon, la compétence et la vocation pastorales doivent primer sur la compétence et la vocation diplomatiques ou théologiques.

S. : Vous avez dit cela ? Que vous, le conclave, vous deviez élire l'évêque de Rome ?

M. : Ça vous semble une hérésie ? C'est plutôt le mandat invariable selon la doctrine et la tradition évangélique.

Le temps passait et il y avait encore beaucoup d'autres sujets que j'aurais voulu discuter avec le cardinal Martini, mais je craignais de trop le fatiguer. Je le lui dis, mais il me répondit que nous pouvions continuer. Il y avait un thème qui me tenait à cœur. Je lui dis que, en lisant son dernier livre, celui écrit avec don Verzé, j'avais cru percevoir une propension chez lui à proposer un autre concile, un Vatican III en quelque sorte. La réponse que j'ai obtenue de lui m'est apparue très innovatrice aussi bien qu'imprévue.

M. : Je ne pense pas à un Vatican III. Il est vrai que Vatican II a perdu une partie de son élan. Je voulais que l'Église puisse se confronter à la société moderne et à la science, mais cette confrontation a été marginale. Nous sommes encore loin d'avoir affronté ce problème et on a presque l'impression que nous avons tourné notre regard davantage vers l'arrière que vers l'avant. Il faut reprendre l'élan, mais il n'est pas nécessaire pour cela de tenir un Vatican III. Cela dit, je suis favorable à un autre concile, et même je le juge nécessaire, mais sur des thèmes spécifiques et concrets. Je retiens même plutôt qu'il serait nécessaire de réaliser ce qui a été suggéré, ou mieux dit, décrété par le concile de Constance, à savoir de convoquer un concile tous les vingt ou trente ans, mais sur un seul sujet ou deux tout au plus.

S. : Ce serait là une révolution dans le gouvernement de l'Église.

M. : Je ne crois pas. Ce n'est pas par hasard que l'Église de Rome se dit apostolique. Elle a une structure verticale mais simultanément aussi une structure horizontale. La communion des évêques avec le pape est un organe fondamental de l'Église.

S. : Et quel serait le thème du concile que vous souhaitez ?

M. : Le rapport de l'Église avec les divorcés. Il concerne de très nombreuses personnes et familles, et malheureusement le nombre de familles impliquées ira en augmentant. Il convient donc d'affronter cette question avec sagesse et prévoyance. Mais il y a aussi un autre sujet qu'un prochain concile devrait affronter : celui du parcours pénitentiel de la vie personnelle. Voyez-vous, la confession est un sacrement extrêmement important, mais désormais exsangue. Ce sont toujours les mêmes personnes qui le pratiquent, mais surtout son exercice est pratiquement devenu machinal : on confesse quelques péchés, on obtient le pardon, on récite quelques prières et tout se termine là. Dans le néant ou presque. Il faut redonner à la confession une substance qui soit vraiment sacramentelle, un parcours de repentir et un programme de vie, une confrontation constante avec son confesseur personnel, bref une direction spirituelle.

Nous nous sommes levés. Il me dit avoir lu mon dernier livre, *L'uomo che non credeva in Dio* [*L'homme qui ne croyait pas en Dieu*] et d'y avoir trouvé certaines consonances avec sa vision du bien commun. Je le remerciai. « Je vous suis très proche », lui dis-je, « mais je ne crois pas en Dieu et je le dis en toute tranquillité d'esprit. »

« Je le sais, mais je ne m'inquiète pas pour vous. Des non-croyants sont parfois plus proches de nous que tant de dévots affectés. Vous ne le savez pas, mais le Seigneur le sait. »

J'eus la tentation de l'embrasser mais nous sommes un peu chancelants tous les deux et nous aurions risqué de nous retrouver par terre. Nous nous sommes serré la main en nous promettant de nous revoir bientôt.

Troisième entretien

Gallarate, 27 janvier 2010*

La maison de repos des jésuites à Gallarate est un grand édifice rectangulaire qui se dresse au milieu d'un parc de grands et de petits chênes, une donation faite par la famille Bassetti il y a environ soixante-dix ans. Elle était destinée à l'époque à être une école pour préparer les jeunes prêtres de la Compagnie à leurs tâches d'enseignement et de mission. Puis, le temps passant, elle est devenue une maison d'accueil pour les anciens et les malades auxquels l'Ordre vient en aide pour qu'ils puissent vieillir dans une dignité sereine. À la droite du parc, il y a une belle église dédiée à saint Louis de Gonzague. C'est ici qu'habite, depuis son retour de Jérusalem, le cardinal Carlo Maria Martini, archevêque émérite de Milan, l'une

* Article publié le 2 février 2010 sous le titre « L'Église, le pouvoir et le Grand Inquisiteur ».

des personnalités les plus remarquables de l'Église. Hétérodoxe, ce cardinal ?

Peut-être peut-on employer également ce terme pour le définir, mais en réalité sa pensée est plus complexe et n'a rien de vraiment hétérodoxe. Il est l'interprète des grands courants qui ont nourri le christianisme et la catholicité depuis saint Paul : l'Église spirituelle, à côté de l'Église temporelle et des institutions qui la gouvernent. Martini, en tant qu'archevêque et cardinal, a appartenu aux institutions ; le diocèse de Milan est le plus vaste de tout le monde catholique. En tant que cardinal, il a participé à tous les événements majeurs de l'Église catholique contemporaine, y compris le dernier conclave après le pontificat de Jean-Paul II, duquel il aurait aussi bien pu sortir pape. Ce qui n'est pas arrivé. La Curie le voyait comme un corps étranger et donc éloigné d'elle. Quant à lui, son témoignage pastoral le portait à préférer l'étude et l'organisation du Bien. Il faut éduquer au Bien : voilà un de ses points d'ancrage et il n'a rien fait d'autre durant toute sa vie.

Nous nous rencontrons dans cette maison pour la deuxième fois. La première, c'était il y a un an. La chambre est la même, sans décoration, occupée presque entièrement par une table et quatre chaises. Nous nous asseyons l'un en face de l'autre après avoir échangé une poignée de mains très affectueuse et sincère. Je le trouve physiquement mieux que l'an dernier, et je le lui dis. Il me répond qu'il réussit à faire progresser ses activités, ses rencontres avec les prêtres de son ancien diocèse, sa recherche sur les textes, le réseau de ses contacts pastoraux. Il tient entre ses mains des feuilles dactylographiées. Il me dit : « C'est un de vos articles écrit il y a quelques mois, qui parle aussi de moi et les dernières lignes me sont particulièrement chères. » Il me les lit : « Le cardinal Martini a été réconforté dans sa vie par la prédication de Jésus Christ, le Dieu incarné en qui il a remis sa foi et son espérance. Moi qui suis non croyant, j'ai eu parmi mes points de référence la prédication de Jésus de Nazareth, homme parmi les hommes, né à Bethléem – le lieu n'a pas d'importance – et ses valeurs de fraternité et de solidarité. » Il lève ses yeux de la feuille.

E. SCALFARI : C'est un petit miracle que deux personnes aussi différentes que nous puissent s'alimenter à la même source.

C. M. MARTINI : En effet, il y a là une consonance qui m'est très chère, et qui ne me pose aucune difficulté. Cela se produit souvent entre des personnes de bonne et droite volonté.

S. : Je voudrais vous demander ce que vous entendez par personne de bonne et droite volonté. Je crois qu'est là le centre du problème que nous voulons approfondir au cours de notre présente rencontre.

M. : Vous savez quel est l'instinct le plus fort que chaque être humain porte en lui ?

S. : Je dirais l'instinct de survie.

M. : Je le pense moi aussi et il s'applique non seulement à notre espèce mais à toutes les espèces vivantes. La survie, c'est-à-dire la force de la vie. La survie engendre deux phénomènes chez les humains : la survie de l'individu et celle de son prochain.

S. : Vous voulez dire de notre espèce ?

M. : Oui, je l'appelle le prochain.

S. : La survie individuelle engendre des sentiments d'égoïsme et il est naturel qu'il en soit ainsi : il en est ainsi physiologiquement. La survie du prochain – comme vous dites – requiert charité et fraternité, reconnaissance d'une égale dignité et amour pour l'autre.

M. : C'est exactement comme cela que je la vois. Quand l'égoïsme devient pathologique et confisque le bonheur à son propre avantage, alors il n'y a plus de place pour l'amour envers le prochain. On peut le prêcher en paroles seulement plutôt que par des gestes et un sentiment sincère.

S. : Cher cardinal, vous avez consacré votre vie à cet objectif. Avez-vous le sentiment que votre action est parvenue à certains résultats ?

M. : Je peux vous dire que j'ai vu grandir autour de moi les sentiments et les gestes de fraternité et de charité ainsi que d'amour vrai et véritable. Mais il s'agit là d'une zone réduite, celle où j'ai vécu et œuvré. Si j'étends mon regard sur la société qui nous entoure, en Italie et hors d'Italie, je vois au contraire que ce que nous avons appelé égoïsme pathologique est devenu plus intense et plus pénétrant.

Le bonheur personnel et celui de son groupe particulier ont pris le dessus. L'époque à laquelle nous vivons est encore trop cruelle et elle masque sa cruauté avec de plus grandes doses d'hypocrisie.

S. : L'Église fait-elle son devoir pour combattre ces maux ?

M. : Il me semble que oui. L'Encyclique sur la charité *Deus Caritas est* de Benoît XVI est un document de grande valeur à ce point de vue et toute l'Église est engagée dans cette direction.

S. : En paroles, certes. Mais aussi en actes ?

M. : Nos communautés, nos missions, nos paroisses, nos ordres religieux, le bénévolat : c'est une réalité en mouvement constant dans toutes les nations et sur tous les continents. Désormais je me trouve dans ce coin-ci du monde mais je sens et je sais que l'effort de l'Église est intense et continu. Malheureusement ça ne suffit pas. L'égoïsme se fait rampant, l'hypocrisie qui sépare le dire du faire est en croissance. Je comprends le sens de votre question. Vous voulez me dire que, à côté de son action charitable, l'Église cherche à protéger ses intérêts de pouvoir ?

S. : Ce n'est pas le cas ?

M. : Il en a toujours été ainsi, et il y a une raison à cela. Même dans l'Église, l'instinct de survie peut dévier. L'institution doit survivre pour pouvoir œuvrer en faveur du prochain.

Quelqu'un frappe discrètement à la porte de la chambre et une collaboratrice du cardinal fait son entrée avec, en mains, un petit flacon de pilules. C'est l'heure de les prendre. Puis nous restons de nouveau seuls. Nous avons atteint un point très sensible de la conversation. Martini n'est pas dépourvu d'expérience, il a été l'un des grands dignitaires de la catholicité. Il a suscité beaucoup d'amour mais aussi de l'hostilité. Il a dit une fois que l'Église donnait trop d'importance aux péchés prévus par la catéchèse et ne donnait pas assez d'importance au péché du monde. Et à quiconque lui demandait ce qu'était le péché du monde, il répondait : l'injustice. Il l'a dit dans *Le rêve de Jérusalem*, un livre publié il y a deux ans et qui a fait beaucoup de bruit. Nous en avons parlé dans notre entretien de l'an passé et je le lui rappelle maintenant.

S. : Vous êtes toujours de cet avis, Éminence ?

M. : Oui, je pense ainsi. Le Christ s'est exprimé de la même manière en plusieurs occasions dans sa prédication. Et Paul a fait de même ainsi que les autres Pères de l'Église. Nous devons porter attention à tout ce qui viole le principe de l'égalité, c'est-à-dire de l'égale dignité de tous les êtres humains. L'égale dignité est violée constamment à travers le monde entier. Les jours présents sont des jours de mémoire : on se rappelle le massacre des juifs, des tsiganes, des gens hors norme dans les camps d'extermination. La bestialité a alors atteint un sommet. Mais l'égalité continue d'être violée massivement. Il peut arriver que l'Église ne dénonce pas avec assez de vigueur.

S. : En paroles, oui, la dénonciation est là et elle est vigoureuse.

M. : Sans aucun doute. Vous m'avez demandé si elle se fait aussi avec des gestes. Vous savez que l'Église est aussi une diplomatie.

S. : Je le sais et le comprends. Diplomatie, théologie, doctrine, liturgie. L'Église est tellement de choses à la fois, mais vous, cardinal Martini ?

M. : Moi je suis bien peu de chose. L'humble chose que je suis pense que toutes les activités de l'Église sont nécessaires, mais que la fin de tout doit être celle de rendre actuels dans le monde l'Évangile et la parole du Christ. Vous vous rappelez ? Les derniers sont les premiers, bienheureux les pauvres, bienheureux les affligés, bienheureux les faibles…

S. : Bienheureux dans un autre monde, Éminence.

M. : Bien sûr qu'ils le seront, mais notre devoir est de hâter les temps, en brisant s'il le faut les tympans des puissants qui ne nous écoutent pas. La parole du Christ est universelle, elle ne vaut pas seulement pour les chrétiens, mais il incombe aux chrétiens de l'écouter et de l'appliquer. S'ils ne font pas tout leur possible, ils ne doivent pas pouvoir compter sur l'appui de l'Église.

S. : Éminence, vous êtes un spécialiste de la Bible ; non seulement des Évangiles et de toute la christologie mais aussi de l'Ancien Testament. Est-ce que vous lisez cette première partie de la Bible avec le même esprit dans lequel vous lisez et méditez la seconde partie ?

M. : La première partie renferme elle aussi une révélation, une vérité absolue. Une grande partie de la Genèse, les tables de Moïse, les conversations d'Abraham avec Dieu font partie de la révélation. Mais dans son ensemble, l'Ancien Testament a comme cadre l'histoire du peuple d'Israël.

S. : Je vous pose une question plus explicite : le Dieu d'Israël est-il le même que le Dieu chrétien ou est-il un autre Dieu ? La Trinité, par exemple, n'existe pas pour Israël et Élohim n'est pas une divinité trinitaire.

M. : C'est vrai, il y a des différences profondes. Le Dieu de la Bible est tantôt en colère contre son peuple, en d'autres circonstances il est aussi un Dieu vengeur, mais en beaucoup d'autres passages du texte il est un Dieu miséricordieux. N'oublions pas que, à travers les Écritures saintes, une religion monothéiste prenait naissance dans un monde qui connaissait seulement des religions polythéistes et idolâtres. L'effort religieux et culturel pour réaliser cette construction a dû être immense. Sur cette base, l'idée ne pouvait manquer de naître non plus d'un peuple élu : Israël était le peuple du Dieu unique. Il était donc inévitable que, en recevant cette impulsion vers la transcendance, le peuple d'Israël puisse concevoir Dieu en l'enrichissant de certaines caractéristiques historiques. Je dis : en l'enrichissant, mais pour nous chrétiens, je dirais : en l'appauvrissant. Bref, ce fut un processus historique et sacrificiel tourmenté et pour lequel le peuple d'Israël a payé un prix très élevé, et le paie encore aujourd'hui. Nous chrétiens, nous devons nous incliner devant nos frères aînés qui ont posé les conditions indispensables à la naissance de notre religion.

Il fait une pause et s'essuie le front avec un linge. Je lui dis que j'ai fini d'écrire ces derniers jours un livre, un voyage dans la modernité. « Vous aborderez aussi ces problèmes ? » me demande-t-il.

S. : Oui, aussi. Il y a un chapitre consacré aux pages sur le Grand Inquisiteur dans *Les frères Karamazov*. La question posée par Dostoïevski est justement celle dont nous sommes en train de parler. Vous vous rappelez ces pages, Éminence ?

M. : Je les ai lues plusieurs fois ; oui, je m'en souviens.

S. : Le Grand Inquisiteur est un vieillard nonagénaire et il est le chef de l'Inquisition espagnole. Il sait que le Christ est apparu à Séville et il est à sa recherche. Il croit l'avoir finalement trouvé dans un jeune pauvre avec des yeux enchanteurs et un étrange halo de lumière sur son visage. Le dialogue qui se déroule entre eux est terrible.

M. : En réalité, il s'agit d'un monologue de l'Inquisiteur. Le Christ ne parle pas, il écoute. L'Inquisiteur reproche au Christ d'avoir donné aux hommes le libre arbitre et de leur avoir promis le don du pain du ciel. Mais les hommes voulaient plutôt le pain de la terre et ne savaient que faire du libre arbitre.

S. : À cet instant précis l'Inquisiteur dit au Christ que l'Église a conclu un pacte avec le diable, qu'elle a donné aux hommes le pain de la terre pourvu que les hommes renoncent au libre arbitre. C'est ce qui est arrivé et les hommes sont heureux. L'Inquisiteur conclut en disant au Christ qu'il le fera brûler le jour même.

M. : Vous vous rappelez comment le Christ a répondu.

S. : Il jette sur lui un regard empreint de douceur, il s'en approche puis disparaît. Une page de littérature splendide, mais il y a plus. L'Église des institutions ressemble à celle qui est personnifiée par l'Inquisiteur, n'est-ce pas ?

M. : Je dirais justement que non. À l'époque peut-être, mais plus maintenant.

S. : Plus maintenant, je suis d'accord avec vous, Éminence. Mais peut-être n'est-elle pas celle que voudrait le Christ en qui vous avez mis votre foi et votre vie.

M. : Nous ne sommes pas parfaits. Tout ce qui est humain est imparfait. Mais le chrétien qui croit dans la transcendance doit tendre au dépassement personnel chaque jour de sa vie. Voilà ce qu'être chrétien veut dire.

S. : Je comprends, mais le fait-il ? Le faites-vous ?

M. : Plusieurs le font ou essaient de le faire, et la foi nous aide. D'autres, bien qu'ils se disent et croient être chrétiens, ne le font pas.

S. : Est-ce que l'Église tend, elle aussi, au dépassement en faisant coïncider les actes avec les paroles ?

M. : Parfois elle y parvient, parfois moins.

S. : Pie XII y est-il parvenu ? C'est le reproche que lui ont fait les communautés juives de Rome et de Jérusalem.

Martini recommande d'examiner attentivement les conditions historiques de l'époque à laquelle ces faits sont arrivés, le risque qu'auraient couru les catholiques allemands à la suite d'une excommunication lancée contre Hitler et aussi l'aide que l'Église de Pacelli a fournie aux juifs pour les soustraire aux Allemands à Rome et à Milan. Puis il laisse tomber cette phrase : « Bref, Pacelli ne m'est pas aussi sympathique que l'a été, par contre, le pape Jean. » Mais puisqu'une parole en attire une autre, je lui propose de nouveau la question du libre arbitre, mais de manière différente.

S. : Pensez-vous, comme Dostoïevski, que les hommes ont déçu les attentes que le Christ avait placées en eux et qu'ils prisent davantage le pain de la terre plutôt que la liberté ? Pensez-vous que l'Église supporte cette tendance ?

M. : C'est hors de question. La liberté est un don inestimable et la chrétienté ne renoncera jamais à ce principe. Saint Paul l'a dit et l'a répété constamment dans ses lettres aux communautés chrétiennes : le christianisme s'est construit sur le principe de la liberté et c'est l'un des deux fondements de notre religion : amour et liberté.

S. : Même la liberté d'être en désaccord avec vous ?

M. : Bien sûr, cette liberté-là aussi.

S. : Sans que ce soit au détriment de l'amour ?

M. : L'amour du prochain et la liberté d'œuvrer au salut de sa propre âme et de celle des autres, voilà les fondements. C'est pour cela que Dieu s'est fait chair en son Fils.

Il se faisait tard et un mince grésil s'était accumulé sur la vitre de la fenêtre. Je demande au cardinal s'il a le temps et le désir de répondre encore à une question. « Je ne suis pas fatigué », me dit-il.

S. : Vous vous préparez à la mort ?

Nous nous regardons en silence. Je suis de quatre ans plus âgé que lui. Il sourit et c'est, me semble-t-il, un sourire entendu. Puis il répond.

M. : Non, je ne me prépare pas à la mort. J'ai encore beaucoup d'intérêts et d'objectifs que je voudrais réaliser. On se prépare à la mort quand on s'éloigne de tout le reste ou bien quand il faut prendre une décision définitive. Ce n'est pas encore mon cas et je ne crois pas que ce soit le vôtre pour vous qui avez encore plus d'intérêts que moi. Mais j'ajoute : c'est tout au long de la vie qu'on se prépare à la mort.

S. : J'allais justement vous faire cette objection, Éminence. Vous m'avez devancé.

M. : Oui, on se prépare tout au long de sa vie par les actes que l'on accomplit. En pensée, c'est seulement quand la fin est proche. Il m'arrive d'y penser parfois quand, dans l'après-midi ou la nuit, le souffle vient à me manquer un peu. L'idée surgit alors : « Ça y est, nous y sommes peut-être. » Et je reste en attente alors que, physiquement, le souffle me manque. C'est la question de la survie dont nous avons parlé.

S. : Éminence, quand notre espèce aura disparu de la terre, quand aucun être ne pensera plus à Dieu, ni à Christ, ni à Allah, parce que les vivants ne seront plus dotés de l'esprit humain et du Je qui en est le couronnement et le signe de l'autoconscience, est-ce que Dieu sera mort lui aussi ? C'est ce que moi, non croyant, je pense. Et vous ?

M. : Je pense qu'il continuera à exister ensemble avec les âmes qui ont cru en lui, mais je ne puis rien vous dire de plus. Je ne saurais dire sous quelles formes. Mais j'en suis certain. Et vous ?

S. : Je crois que l'énergie qui s'est rassemblée en moi, dans mon corps, dans la chimie de mon corps, est indestructible et retourne aux éléments.

Nous nous sommes levés. Un jeune homme a ouvert le portail. Un vent froid soufflait mêlé de gouttes de pluie. Le cardinal m'a présenté les deux mains et m'a dit « Prenez soin de vous ». « Vous aussi, je vous en prie, ai-je dit, nous en avons grand besoin. »

Quatrième entretien

Gallarate, 10 mai 2010*

Lorsque nous avons fixé la date de notre rencontre, le cardinal Carlo Maria Martini me dit que le thème sur lequel il voulait que porte la conversation était la Résurrection. J'en restai un peu surpris et même inquiet ; je lui fis remarquer que sur ce sujet nous aurions assez peu à nous dire. S'il y a un point sur lequel l'incroyant n'a aucune possibilité de contact avec un chrétien aussi authentique que Martini, c'est précisément celui-là. Mais le cardinal insista. « Vous verrez », me dit-il, « nous aurons tous deux beaucoup d'idées à échanger entre nous sur ce sujet. Du reste la Résurrection est le point central de ma vie et j'ai un grand désir d'en discuter avec vous. »

Nous nous sommes rencontrés le 10 mai dernier à Gallarate, dans la maison de repos de la Compagnie de

* Article publié le 13 mai 2010 sous le titre « Une discussion avec Martini à propos de péché et de Résurrection ».

Jésus où loge Martini depuis quelques années, après les mois passés à Jérusalem. En deux ans, c'est la troisième fois que je vais l'y rencontrer. Entre-temps, nous nous sommes écrit et nous sommes demeurés en contact, et désormais nous sommes en confiance. Je l'aime bien et je crois que lui aussi m'aime bien.

C'est vrai que le temps passe très rapidement, mais lui ne m'est pas apparu changé. La voix, elle, s'est affaiblie, elle est moins sonore et je suis moi-même plus dur d'oreille ; nous avons rapproché davantage les fauteuils sur lesquels nous étions assis.

C. M. MARTINI : Vous avez écrit un livre récemment.

E. SCALFARI : Oui, un voyage dans la modernité. Je crains que, si vous le lisiez, vous ne seriez pas d'accord sur beaucoup de choses.

M. : N'en soyez pas si sûr : entre un croyant comme moi et un non-croyant comme vous, les points de rencontre sont nombreux : nous en avons déjà fait l'expérience.

S. : C'est vrai, mais vous m'avez proposé un sujet, la Résurrection, qui a l'air davantage d'un défi que d'un terrain de rencontre. Quelqu'un comme moi qui ne croit pas dans un autre monde, croit encore moins en la Résurrection de Jésus et en la nôtre. Vous par contre, vous voyez dans le « *Resurrecturis* » [Note du traducteur : mot latin qui veut dire « À ceux qui vont ressusciter, et qu'on retrouve à l'entrée de certains cimetières chrétiens] le cœur de votre vie spirituelle. Pouvez-vous m'en donner la raison ? Au fond, il s'agit d'un miracle. Je pensais que vous seriez plus sceptique par rapport aux miracles.

M. : La Résurrection du Christ n'est pas un miracle. Le Dieu qui, à travers son fils, a assumé la nature humaine, réassume sa nature divine et immortelle après la mort sur la croix.

S. : Entendu. Mais la résurrection des morts ? Celle-là est un miracle.

M. : Elle est un mystère, un mystère de la foi. Vous m'avez demandé pourquoi elle représente, pour moi et pour toute la communauté des fidèles, le cœur de notre vie. Je vais tenter de vous l'expliquer. La Résurrection des morts est un fait historiquement positif. L'Esprit resurgit en nous tous. Il resurgit chaque jour, il resurgit quand nous prions, quand nous communions en mangeant le pain et en buvant le vin du Seigneur, quand resurgissent en nous la charité et l'espérance en l'avenir, terrestre aussi bien qu'extraterrestre. L'histoire du monde ne serait pas ce qu'elle est si l'espérance n'avait pas nourri nos efforts et si la charité n'avait pas illuminé notre vie quotidienne. La Résurrection de l'Esprit est la flamme qui propulse les roues du monde. Pouvez-vous imaginer un monde sans charité et sans espérance ?

S. : Je ne peux effectivement l'imaginer. Mais l'espérance et la charité illuminent aussi les vies des non-croyants ou du moins d'un grand nombre d'entre eux. Nous, nous n'avons pas besoin de la foi, car, à mon avis, l'amour du prochain dérive d'un instinct qui opère en chacun de nous. C'est l'instinct de la vie, l'instinct de la sociabilité, l'instinct de la survie de l'espèce.

M. : Vous pensez que l'instinct est toujours présent en chaque individu ?

S. : Je pense qu'il est toujours latent, mais toujours en tension avec l'amour de soi. La vie n'est qu'une éternelle tension entre ces deux éléments. La nature humaine repose sur la dynamique de ces deux éléments.

M. : Chaque fois que l'amour du prochain l'emporte sur l'égoïsme de l'amour de soi, voilà le moment auquel l'Esprit resurgit. Le fait que vous l'appeliez instinct ne change pas la trame de la vie : pour moi, c'est la Résurrection.

S. : Mais non la Résurrection des morts.

M. : C'est là un mystère de la foi, et un de ceux qui nous sont des plus précieux. Je ne l'appelle pas miracle, je l'appelle nécessité. La nécessité de vivre avec charité et espérance.

S. : Cardinal Martini, vous avez connu le théologien Hans Küng ? Vous connaissez sa théologie ?

M. : Nous étions tous les deux au concile Vatican II. Nous avons le même âge, nous étions très jeunes à l'époque, du même âge que le pape Wojtyla. Je l'ai rencontré plusieurs fois par la suite, nous avons discuté souvent et nous avons de bons rapports.

S. : Küng fait une affirmation très claire dans son dernier livre, *Ce que je crois*. Il dit que la foi illumine la vie mais qu'une condition préalable est requise pour atteindre la foi : il faut avant toute chose aimer la vie. L'aimer d'un amour profond. L'amour de la vie est une condition insuffisante mais nécessaire pour la maturation de la conscience. Êtes-vous d'accord avec cette position ?

M. : Oui, je suis d'accord avec Küng. Je pense moi aussi qu'il faut aimer profondément la vie pour être ensuite illuminé par la grâce et par la foi.

S. : Tout dépend de ce qu'on entend quand on dit « aimer profondément la vie ».

M. : Vous, qu'est-ce que vous en pensez ? Qu'est-ce que cela veut dire ?

S. : Je pense à un amour responsable. Je pense à une vie qui ne rabaisse pas la vie des autres, qui ne leur cause pas de tort mais qui plutôt l'enrichit de sentiments et fait mûrir l'humanité qui est en chacun de nous.

M. : C'est aussi ma pensée comme chrétien. L'amour de la vie conçu de cette manière est justement la condition nécessaire, quoique insuffisante, qui peut mener à la foi. Ou bien on s'arrête à cette étape initiale.

S. : Une étape imparfaite ? Qui n'est pas à pleine maturité ?

Je compris que ça lui coûtait beaucoup de répondre à ma question. Puis dans un souffle de voix il dit : « Il y a une goutte du divin en tout homme. Nous sommes les feuilles dissemblables d'un même arbre. Il ne me revient pas à moi de distinguer les feuilles les mieux réussies. Christ a dit : ne jugez pas. »

À l'extérieur de la fenêtre, une pluie diluvienne tombait. On apporta les pilules pour le cardinal et une tasse de thé pour moi. Les rideaux sur les vitres étaient ourlés comme une broderie qui me rappelait la maison de mon enfance et l'image de ma mère ainsi que les prières qu'elle me faisait réciter le soir avant de m'endormir. Il me vint à l'esprit que les chrétiens, les vrais, étaient restés un peu enfants, mais je m'empressai de repousser cette pensée. Tu te sens supérieur ? me suis-je dit. Tu es poussière et tu retourneras à la poussière, et donc il a raison : ne pas juger. Je poursuivis.

S. : Je ne crois pas à la Résurrection, mais je crois au Golgotha.

M. : J'allais justement vous le demander. Dites-moi.

S. : Je crois au Golgotha parce que c'est là qu'a été célébré le sacrifice d'un juste, d'un faible, d'un pauvre. Ce sacrifice se répète chaque jour et constitue le vrai et unique péché du monde : le sacrifice, la violence, l'humiliation du pauvre, du faible, du juste. Le Golgotha représente le péché du monde.

Le cardinal me regarda comme s'il regardait un catéchumène, d'un regard qui me parut une caresse. Je notai qu'il avait un tic fréquent à l'œil gauche : il le fermait souvent mais quand il le rouvrait il était encore plus expressif que l'autre œil. Je crois que c'était l'effet de son syndrome de Parkinson, la même maladie que celle du pape Wojtyla. Puis il me dit : « Oui, le Golgotha représente le péché du monde. L'Église s'occupe parfois d'un trop grand nombre de péchés, et ce n'est pas tout le monde dans l'Église qui sait et qui pense que c'est là l'unique, le vrai péché du monde : la violence, l'humiliation, la non-reconnaissance de son propre semblable, surtout si celui-ci est faible, s'il est pauvre, s'il est exclu. Et s'il est un juste. Quelqu'un justement qui ne ferait jamais quoi que ce soit qui humilie la dignité de la personne. Le Golgotha devrait être le début d'un parcours pénitentiel qui dure toute la vie. »

Cette phrase me frappa ; je n'avais jamais pensé à un parcours pénitentiel. Qui était impliqué dans un tel parcours de pénitence ? Je le lui demandai. Il répondit : « Tout le monde. »

S. : Mais votre Christ n'était-il pas venu pour annoncer le salut ? Le renouvellement d'une alliance entre le Seigneur et l'humanité ?

M. : Précisément. Il portait la conscience du péché qui avait été commis et la nécessité de l'expier à travers la pénitence.

S. : Dans une autre rencontre, vous m'avez parlé de la nécessité pour l'Église de revisiter le sacrement de la confession. Y a-t-il un lien avec ce désir qui est le vôtre et ce que vous venez juste de me dire ?

M. : La confession doit être pour les chrétiens le début d'un parcours pénitentiel qui dure toute la vie. Si le péché est ce que nous avons défini comme le véritable péché du monde, l'expiation ne requiert pas seulement une compensation matérielle pour le dommage ; l'expiation comprend beaucoup plus : elle comprend la rééducation du pécheur, la découverte de sa part d'une vie différente. C'est la découverte de la joie et de l'allégresse de savoir que cette vie nouvelle et différente se répand dans son âme.

S. : Cardinal, avez-vous à l'esprit le roman *Résurrection* de Tolstoï ?

M. : Vous avez raison d'y faire référence. Ce roman raconte précisément un parcours de ce genre. Le protagoniste est un riche et jeune aristocrate qui séduit une mineure et la rend enceinte. Les années passent et un jour il se trouve, par hasard, à faire partie du jury du tribunal qui condamne la femme à la déportation en Sibérie pour un crime qu'elle n'a pas commis. La souffrance pour ce qu'il a commis et la nécessité d'expier font leur chemin dans la conscience du noble. Quand l'expiation atteint son sommet, son âme s'ouvre à la consolation et à la joie.

S. : Vous avez évoqué Tolstoï ; Manzoni raconte lui aussi un processus analogue et la joie que procure l'expiation.

M. : L'Innommé, son repentir, l'angoisse de l'expiation et la paix de l'âme que provoque l'expiation.

S. : La pédophilie est un de ces péchés ?

Je n'avais pas encore introduit ce thème, qui me paraissait embarrassant à aborder pour un cardinal dans une conversation avec quelqu'un dont la profession est le journalisme. Mais en un sens c'est lui qui m'y avait conduit. En fait, il a répondu sans hésitation.

M. : La pédophilie est le plus grave des péchés : elle n'humilie pas seulement la personne et le faible, mais elle vole jusqu'à l'innocence. J'ajoute : dans les cas avérés dans l'Église, les coupables sont même des prêtres et des évêques qui ont comme premier devoir d'éduquer les jeunes et les très jeunes et qui doivent donc les fréquenter pour livrer leur enseignement. Peut-il y avoir péché plus grave que celui-là ?

S. : L'Église condamne certes le péché mais pardonne au pécheur. N'y a-t-il pas une contradiction ? Le pape a pris, ces derniers mois, une attitude plutôt rigoureuse et a même imposé un critère de transparence en invitant les évêques et les curés à informer l'autorité judiciaire, et à faire ainsi la distinction entre le crime et le péché. Je voudrais savoir si tout cela représente une innovation dans le droit canonique.

M. : Je ne m'occupe pas de droit canonique parce que, en l'occurrence, il a bien peu à dire. Quant à la dénonciation du crime auprès de l'autorité judiciaire, je dirais qu'il s'agit d'un acte absolument obligatoire, car la pédophilie est un crime grave dans tous les codes du monde et fait l'objet de poursuites. Mais puisqu'il s'agit habituellement de personnes avancées en âge, il convient de prévoir que la peine infligée par l'autorité judiciaire puisse avoir une exécution relativement rapide. De toute façon, ce n'est pas l'essentiel. Je retourne au thème de la pénitence et de l'expiation. On pardonne au pécheur qui accomplit un parcours pénitentiel qui durera aussi longtemps que sa vie terrestre. L'expiation doit être si intense qu'elle puisse combler cette âme et lui permette d'assumer le devoir de compenser la personne qui a subi l'abus. Je dis « compenser » mais je ne me réfère pas seulement à des compensations matérielles, encore qu'elles soient dues. Je me réfère à un rapport d'âmes. L'âme du pécheur n'aura de cesse qu'elle ne se soit rachetée, qu'elle n'ait compensé pour les sentiments violés, qu'elle ne renaisse. C'est de cette façon seulement qu'elle retrouvera la paix et la joie.

Il avait tout énoncé d'un seul souffle en faisant des gestes et en s'agitant sur le fauteuil ; même la voix avait monté de ton, à tel point qu'il s'abandonna, essoufflé, et qu'il ferma les yeux pour un moment.

Son assistant, un jeune prêtre au visage intelligent et aux manières empreintes de prévenance, fit irruption pour la seconde fois ; cette pause dans notre conversation l'avait peut-être alarmé. « Peut-être est-il fatigué », dit-il, mais à cet instant le cardinal fit un geste pour dire qu'il n'était pas vraiment fatigué et qu'il voulait continuer. Je lui demandai si dans l'histoire de l'Église il y avait eu des saints qui avaient d'abord été des pécheurs. « Plusieurs », répondit-il. « Le fait le plus significatif de leur vie a justement été leur conversion du péché à la grâce de la foi conjointement au début de ce parcours pénitentiel qui les a accompagnés jusqu'à la mort. » Je lui demandai quelques noms. « Je vous en dis un qui les représente tous : le fondateur de notre Compagnie, saint Ignace. C'est lui-même qui l'a raconté : il a péché longtemps et gravement, pour employer les mots de Luther. Sa conversion fut totale, son expiation très longue et accompagnée d'un amour de la vie et des œuvres, parmi lesquelles justement la fondation d'une Compagnie qui, quatre cents ans plus tard, demeure un pilier de notre Église. »

Il s'était écoulé un peu plus d'une heure et je compris que notre rencontre touchait à sa fin, mais j'avais encore plusieurs choses à demander. Il y avait un thème en particulier qui me tenait à cœur : le rapport entre la mission pastorale de l'Église et son organisation institutionnelle et hiérarchique. Bref, l'Église comme mission et l'Église comme centre de pouvoir.

S. : Vous vous rappelez, cardinal Martini ? Vous m'avez raconté dans une de nos rencontres précédentes qu'au début du conclave qui a élu le pape actuel il y a cinq ans, vous avez rappelé à vos confrères réunis dans la chapelle Sixtine que le conclave devait élire l'évêque de Rome. En fait, le pape occupe cette fonction en tant qu'évêque de Rome et cela doit toujours demeurer ainsi. Vous ne m'avez pas expliqué à ce moment-là le sens de votre discours : voulez-vous me le dire maintenant ?

M. : Le sens peut demeurer obscur pour quelqu'un qui n'œuvre pas dans l'Église et pour l'Église, mais pour nous c'est très clair. Les évêques sont les successeurs des apôtres, à qui Jésus a confié une seule mission : « Allez et prêchez la vérité et la charité, faites connaître le Verbe, proposez la vie. » Telle est la mission des évêques, pasteurs d'âmes. Mais Jésus savait aussi que cette mission devait être gardée dans un écrin qui en protégerait l'essence et la préserverait au cours des siècles et des millénaires. Ce que vous appelez les institutions est justement l'écrin organisationnel, les congrégations, la Curie, la finance, les tribunaux ecclésiastiques. Ils servent à préserver la mission pastorale qui représente l'essence de l'Église.

S. : Le pape est évêque de Rome et il est le chef de la mission pastorale et de l'institution. Est-ce ainsi ?

M. : Le pape est l'évêque qui occupe le siège qui fut celui de Pierre. La mission pastorale est son devoir primordial. Le fait qu'il soit un théologien, un diplomate ou un organisateur est secondaire. Il est et doit être avant tout un pasteur d'âmes qui exerce cette vocation en union avec tous les autres évêques.

S. : Pour une grande partie de son histoire, l'Église a cependant été dominée avant tout par le pouvoir de l'institution et les papes ont été des chefs d'État et même des guerriers. Le pouvoir temporel a supplanté la mission pastorale.

M. : Je ne pense pas qu'il l'ait supplantée, mais il est certain que le pouvoir et sa conservation ont souvent eu une importance excessive et que la mission pastorale en a subi les contrecoups.

S. : Est-ce toujours ainsi même aujourd'hui ?

M. : Ces défauts subsistent encore : le pouvoir temporel est encore, sous d'autres formes, une tentation interne à l'Église. Mais ce que nous appelons le peuple de Dieu, les fidèles, le clergé qui a soin des âmes, les associations et le bénévolat catholique, constitue l'écrin qui protège notre essence.

S. : Je vous pose une dernière question, car je suis en train d'abuser de votre temps. Pour accomplir sa mission, l'Église doit avoir des contacts avec les pouvoirs publics qu'elle croise sur son chemin. Elle rencontre tantôt des régimes dictatoriaux et tyranniques. Est-ce que ce sont des formes politiques indifférentes pour l'Église, ou bien est-elle appelée à faire un choix parmi elles ?

M. : L'Église doit faire un choix, même au prix d'inclure des systèmes politiques qui sont étrangers à sa vision des choses. C'est justement, au contraire, dans des territoires où la liberté et l'égalité sont déniées que le témoignage de l'Église devient précieux. Mais pour moi il n'y a aucun doute : l'Église, qui revendique la liberté religieuse, partage pour cette raison même les principes de liberté, d'égalité, d'inclusion, de respect de la dignité des personnes. Ces principes valent et doivent valoir aussi à l'intérieur de l'Église où le pape exerce sa mission en union avec l'épiscopat et avec le peuple de Dieu, sous les diverses formes conciliaires que notre organisation prévoit.

La rencontre était terminée. Le jeune prêtre était entré de nouveau pour aider le cardinal à se lever. Je dis au cardinal : « La prochaine fois je voudrais vous voir sauter à la corde. » Il me regarda en souriant et dit : « Revenez vite. » Puis il me caressa le visage d'une touche légère. Je fis de même à son endroit. Nous étions tous les deux un peu émus. Dehors il pleuvait toujours.

Cinquième entretien

Gallarate, 6 décembre 2010*

Au fond d'un long corridor, une porte vitrée s'ouvre sur une petite chambre où file le temps de Carlo Maria Martini, jadis archevêque de Milan, bibliste, pasteur d'âmes et de consciences, cardinal de la Sainte Église romaine. Il est assis sur un fauteuil près d'une fenêtre d'où on voit un coin de ciel et un cyprès.

Près de lui se tient son assistant, don Damiano, qui est un peu comme son ombre, qui l'aide à se déplacer, lui distribue les médicaments aux heures prescrites et l'accompagne dans ses déplacements, désormais rares. Il n'arrive pas souvent qu'un jésuite devienne cardinal et encore moins souvent qu'il ait été à la tête du diocèse le plus important d'Europe, mais Martini est une exception à plus d'un titre, notamment dans sa carrière ecclésiastique.

* Article publié le 24 décembre 2011 sous le titre « Le sens de la vie dans les paroles de Jésus ».

Il m'est arrivé de voir de très près les jésuites dans une phase particulière de ma vie ; j'avais vingt ans, c'était en 1944. Rome était occupée par les nazis ; les jeunes conscrits et les juifs étaient recherchés par les SS, la police militaire du Reich, et je trouvai refuge avec une centaine d'autres jeunes dans la Maison du Sacré-Cœur où les jésuites dirigeaient ce qu'on appelle les « exercices spirituels ». Ils duraient une semaine au maximum, mais dans notre cas ils ont duré plus d'un mois. La Maison était extraterritoriale, portant drapeau du Vatican à la fenêtre et ayant des gardes palatins au portique. Puisque, comme nous le dit le père recteur, les jésuites ne mentent pas, nous avons dû faire les exercices spirituels selon les règles, bien que parmi nous il y eût beaucoup de juifs et quelques non-croyants.

Ce fut pour moi une expérience précieuse car le recteur était le père Lombard, un prêtre d'une personnalité remarquable et d'une grande finesse intellectuelle à qui fut donné plus tard le surnom de « microphone de Dieu » pour ses activités qui, à vrai dire, étaient plus politiques que pastorales. Je les ai observés avec beaucoup d'attention, ces jésuites que j'ai connus en ces circonstances et qui dirigeaient les « méditations », célébraient la messe et les autres fonctions religieuses qui remplissaient notre journée. Quand nous nous sommes séparés, le recteur me proposa même de m'inscrire à l'Université grégorienne ; nous étions devenus familiers non sans avoir polémiqué au cours d'une série de débats sur saint Augustin et sur saint Thomas.

Je rappelle ces expériences personnelles pour dire que les jésuites que j'ai connus alors ne ressemblaient en rien à Carlo Maria Martini. Ils étaient très accueillants et amicaux, mais plutôt archaïques dans leur façon de considérer la religion ; Martini, par contre, est pleinement engagé dans la pensée moderne. Quant à l'intensité de la foi, je ne suis pas sûr de pouvoir la mesurer. Je dis seulement que la foi de Martini fait réfléchir parce qu'elle émerge du plus intime de lui-même ; celle qu'on respirait au Sacré-Cœur avait plutôt une odeur de sacristie désagréable pour quelqu'un comme moi qui n'a pas la foi et ne sent pas davantage le besoin de la chercher.

Vous vous demanderez alors pour quelle raison je fréquente Martini et pourquoi lui-même accepte volontiers pareille fréquentation. Ma réponse est que nous sommes sur la même longueur d'ondes, nous nous sentons en syntonie l'un avec l'autre et le motif en est probablement celui-ci : nous nous posons tous deux les mêmes questions : qui sommes-nous ? d'où venons-nous ? où allons-nous ? Ces questions peuvent sembler être devenues un lieu commun – ce qu'elles sont peut-être –, mais elles continuent de former la base de toute philosophie et de toute connaissance. Nos réponses diffèrent souvent mais elles coïncident parfois et lorsque cela se produit, c'est pour moi une fête et pour lui aussi, je l'espère.

Notre rencontre d'aujourd'hui est la quatrième que j'ai

eue avec lui [Note du traducteur : Scalfari ne compte ici que les quatre rencontres privées, qui avaient été précédées d'un débat public entre lui et Martini.] ; nous sommes le 6 décembre, il pleut dehors ; nous sommes dans la maison de repos de la Compagnie de Jésus à Gallarate dans un édifice qui fut donné à la Compagnie il y a une cinquantaine d'années par la famille Bassetti.

Le cardinal souffre de Parkinson, il est très lucide, mais il marche avec difficulté. Depuis un certain temps la maladie a beaucoup affaibli sa voix, qui est quasi réduite à un souffle, mais don Damiano a appris à lire, à partir du mouvement de ses lèvres, les paroles sans voix et il les traduit pour les rendre compréhensibles.

La présente transcription de notre entretien a été révisée par le cardinal : les difficultés de la communication rendaient nécessaire son « imprimatur ».

E. SCALFARI : Je voudrais commencer notre dialogue avec un nom et avec la personne qui le portait : Jésus. Pour moi, cette personne est un homme né à Bethléem où ses parents, qui vivaient à Nazareth, se trouvaient par hasard le jour et la nuit de l'accouchement. Pour vous, Éminence, cet enfant est le Fils de Dieu. Il semblerait que la différence sur ce point entre nous soit irréconciliable. Et pourtant c'est justement lui qui nous unit. Vous l'appelez Jésus Christ, moi je l'appelle Jésus de Nazareth ; pour vous, il est Dieu incarné dans le Fils, pour moi il est un homme que l'on croit être le Fils de Dieu et qui a vécu les trois dernières années de sa vie, les années de la prédication et ensuite de la Passion et du sacrifice, sous le signe de cette conviction. Mais la prédication est précisément ce trait de sa vie qui nous unit. J'ai pensé beaucoup à la rencontre de deux personnes plus avancées en âge qui viennent d'éducations, de cultures et de parcours de vie tellement divers et qui sont désireux de se connaître toujours plus et toujours mieux. Est-ce que tout cela a un sens ? Quelquefois je pense que vous espérez me convertir, me faire trouver la foi. Cela rejoindrait vos devoirs de père des âmes. Est-ce là votre propos ?

C. M. MARTINI : Non, je ne pense pas à vous convertir, encore que nous ne pouvons exclure ni vous ni moi qu'à un certain point de votre vie la lumière de la foi puisse vous illuminer. Mais c'est là une éventualité qui ne regarde que vous seul. Vous cherchez le sens de la vie. Je le cherche, moi aussi. Le doute trouble souvent ma foi. La foi est un don, mais elle est aussi une conquête que l'on peut perdre et reconquérir chaque jour. Le doute fait partie de notre condition humaine ; nous serions des anges et non des hommes si nous avions échappé pour toujours au doute. Ceux qui ne passent pas l'épreuve de ce tourment ont une foi peu intense ; ils la mettent souvent de côté et n'en vivent pas l'essentiel.

La foi intense ne laisse pas cet espace gris et vide. La foi intense est une passion, elle est joie, amour pour les autres et pour soi-même, pour sa propre personnalité au service du Seigneur. L'Évangile dit : Aime ton prochain comme toi-même. Il n'y a pas dans ce message la négation de l'amour pour soi aussi ; s'il est une passion vraie, l'amour opère dans toutes les directions : il est transversal, il est à la fois vertical vers Dieu et horizontal vers les autres. L'amour pour les autres contient déjà l'amour envers Dieu. Aimez-vous les autres ?

S. : Pas toujours, pas complètement. Je mentirais si je disais que j'aime les autres avec passion comme j'aime certaines personnes qui me sont proches et je mentirais si je disais que la haine est un sentiment qui m'est inconnu. Je déteste l'injustice et je hais les injustes. Ceux qui sont différents de moi, je les tolère et en certains cas je les aime en pensant que leur diversité est une richesse. Mais les injustes non.

M. : Vous vous souviendrez sans doute que nous avons beaucoup discuté du thème de l'injustice dans notre rencontre précédente.

S. : Je m'en souviens très bien. Je vous ai demandé quels étaient les péchés les plus graves et vous m'avez répondu que la casuistique de l'Église énumère une longue série de péchés. En réalité – vous me l'avez dit et je l'ai transcrit fidèlement dans l'article que j'ai écrit après notre rencontre – le vrai péché du monde est l'injustice, et tous les autres en dérivent.

M. : Oui, votre souvenir est juste, c'est bien ainsi que j'ai parlé. Mais peut-être n'avons-nous pas assez approfondi ce que j'entendais par le mot injustice.

S. : Vous pouvez l'expliquer maintenant.

M. : Eh bien, l'injustice est le manque d'amour, le manque de pardon, le manque de charité et le sentiment de vengeance.

S. : Vous m'avez dit aussi que le sacrement de la confession et de la pénitence, fondamental pour les chrétiens, n'est plus vécu et pratiqué comme il devrait l'être.

M. : La pénitence n'est pas de réciter dix « Notre Père » mais de découvrir la beauté de la charité et de la mettre en pratique.

S. : Je me souviens du repentir de l'Innommé dans *Les fiancés* de Manzoni.

M. : La lutte contre l'égoïsme est très longue.

S. : J'en déduis que le Créateur a créé un monde injuste.

M. : Le Créateur a fait don aux hommes de la liberté. Cette dernière peut engendrer la solidarité envers les autres, mais aussi l'égoïsme, la violence, l'amour du pouvoir. J'ai lu votre dernier livre : vous parlez de ces choses.

S. : Oui, je pense moi aussi que l'instinct d'amour traverse la vie des personnes mais qu'il prend diverses dimensions et directions. Vous l'appelez amour, moi je l'appelle Éros, vous appelez le bien charité et moi je l'appelle survie de l'espèce, c'est-à-dire humanisme. Il me semble que nous disons la même chose avec des mots différents. Jésus, pour ce que j'en comprends, a tenté le miracle d'enrayer l'amour de soi, mais c'est là un miracle qu'il n'a pas réussi.

M. : Jésus n'a pas tenté d'enrayer l'amour de soi : au contraire il en a fait la mesure de l'amour des autres.

S. : Je pense que la vie a débuté à partir d'un être monocellulaire avant de progresser de façon vertigineuse selon l'évolution naturelle. Nous avons un esprit réflexif qui nous permet de nous penser nous-mêmes et de voir nos actions, mais dans l'économie de l'Univers nous sommes un événement mineur : c'est ainsi que le monde et nous tous sommes nés et c'est ainsi que nous disparaîtrons. À ce stade-là, aucune autre espèce ne sera en mesure de penser Dieu et Dieu mourra si aucun être vivant n'est en mesure de le penser. Nous ne sommes pas une règle, nous sommes un cas, une espèce créée par la nature, selon ce que je crois, ou par un Dieu transcendant comme vous le croyez. Spinoza dit : *Deus sive Natura* (Dieu ou la Nature), ou bien encore *Natura sive Deus* (la Nature ou Dieu). Savez-vous que cette conception de la divinité, intense comme l'est la vôtre, va plus loin que l'immanence ? Une étincelle de divinité se trouve donc dans toutes les créatures vivantes et c'est précisément la vie.

M. : Vous m'avez demandé lors de notre dernière rencontre ce que je pensais de l'affirmation du théologien Hans Küng qui soutient que la foi en la vie est la condition préalable et nécessaire pour arriver à la foi en Dieu. Vous vous en souvenez ?

S. : Oui, et je me souviens aussi que vous étiez d'accord avec cette affirmation.

M. : C'est vrai et cela se voit à l'observation d'un enfant à peine né qui fait totalement confiance aux mains de ses parents. Même vous, vous êtes venu ici avec la foi que vous ne trouveriez personne pointant une arme sur vous. C'est une forme primaire de foi.

S. : C'est clair. Vous avez dit dans un de vos écrits que c'est une erreur d'affirmer que Dieu est catholique.

M. : Oui, je l'ai dit. Dieu est le Père toutes les nations et c'est donc réducteur que de lui apposer l'adjectif catholique.

S. : Vous admettrez cependant que le monothéisme chrétien est passablement différent du monothéisme juif et du monothéisme de l'islam. Dans ces religions, la Trinité serait considérée comme une hérésie inconciliable avec le Dieu unique. Dans ces religions, le Dieu unique est innommable et irreprésentable, tandis que pour les chrétiens il a le nom du Père, du Fils et de l'Esprit saint et il a été représenté en peinture et en sculpture tout au long des deux derniers millénaires. L'histoire de l'art occidental est en grande partie l'histoire de Dieu, du Fils, de la mère du Fils et des saints. Peut-on dire que le christianisme est une religion monothéiste ? Ou bien qu'il est, historiquement, une religion hellénistique ?

M. : La Trinité est Dieu-communion. Le Fils est la Personne par laquelle le Père se manifeste aux hommes. Peut-être le modèle « ontologique » avec lequel on a pensé la Trinité jusqu'à aujourd'hui devrait-il céder sa place au modèle « relationnel » qui favoriserait aussi le dialogue horizontal. Quant aux saints, ils sont seulement des intermédiaires entre Dieu et nous mais aussi des témoins du bien. Mais peut-être l'Église en a-t-elle canonisé trop.

S. : Quand donc notre espèce disparaîtra et quand sera venu le jugement universel, le Fils n'aura plus de raison d'être et l'Esprit saint non plus.

M. : Pas exactement : le Fils sera la béatitude des âmes qui vivront dans la lumière.

S. : Sans souvenir du soi terrestre qu'ils ont quitté ?

M. : Nous, les humains, nous ne sommes pas en mesure de savoir ces choses, de connaître l'au-delà. Nous savons cependant que Paul dit que la charité ne passera jamais. Donc nous supposons que nous reconnaîtrons ce que nous avons vécu dans l'amour.

S. : Dieu est le père de toutes les nations, mais l'Église a quand même fait du Dieu catholique un drapeau identitaire, de guerre et de massacres.

M. : Quand elle l'a fait, c'était une erreur. L'Église, comme toutes les institutions terrestres, contient le bien et le mal, mais elle est dépositaire d'une foi et d'une charité très grandes. Même Pierre a renié.

S. : Peut-être l'Église est-elle trop une institution.

M. : Peut-être, en effet, qu'elle est trop une institution.

S. : Peut-être est-elle trop dogmatique.

M. : Je le dirais d'une autre manière : l'aspect collégial de l'Église a été trop peu pris en compte. Selon moi, ce point devrait être révisé en profondeur.

La conversation dure maintenant depuis plus d'une heure. Je jette un regard interrogatif vers don Damiano, et lui acquiesce de la tête.

Je dis au cardinal que l'heure est venue de me laisser prendre congé. « Mais je vous pose une dernière question : que pensez-vous des événements politiques italiens de ces derniers mois ? L'Église, après un trop long silence combiné à des alliances par ailleurs discutables, a enfin demandé avec le cardinal Bagnasco que l'on nettoie la boue qui a terni l'éthique publique. Êtes-vous d'accord avec cette position ? »

M. : Je suis d'accord. Il existe en Italie une catholicité avertie et consciente et il y a des anticorps précieux qui finissent par se manifester et qui contribuent à récupérer le bien jusque dans la sphère où on administre le pouvoir.

Je me lève. Avec l'aide de don Damiano, lui aussi se lève. Nous nous embrassons. Il murmure quelque chose que don Damiano traduit : « Il a dit qu'il prie beaucoup pour vous. » En me tournant vers lui, je lui dis : « Je pense très souvent à vous, et c'est ma façon de prier. » Lui s'approche de mon oreille et avec un filet de voix me dit : « Je prie pour vous, et moi aussi je pense souvent à vous. » Il sourit et me serre la main. Peut-être voulait-il dire que penser à l'autre est plus qu'une prière. C'est du moins ainsi que je l'ai compris.

La prière du cardinal et celle d'un laïc

par Eugenio Scalfari

(Article publié le 1er novembre 2009)

Je ressens une vive gratitude pour le cardinal Carlo Maria Martini, pour ses pensées, pour l'exemple qu'il donne et aussi pour l'amitié dont il a fait preuve envers moi. Pour son dernier livre enfin, *Mon jardin secret. Méditations sur la prière.*

Je cherchais un sujet sur lequel écrire pour mes lecteurs du dimanche et les pensées s'emmêlaient en moi pendant qu'un fort malaise m'envahissait. Le cas Marrazzo ? L'homicide du malheureux Stefano Cucchi, tué à coups de bâton alors qu'il était confié aux gendarmes et à la police carcérale ? Le spectre du chômage qui progresse en Europe et dans le monde ? La possibilité que D'Alema soit nommé ministre des Affaires étrangères de l'Union européenne et Tremonti président du Groupe de l'Europe ou que les deux restent là où ils sont ? Enfin, l'état misérable de la seconde République, engagée désormais sur le chemin d'une agonie dont elle pourra difficilement se sauver ?

Je me sentais fatigué de ressasser des problèmes importants mais répétitifs qui, de plus, démontrent un tel degré de dégradation qu'ils en deviennent répugnants pour des raisons esthétiques avant que d'être morales et politiques. Si bien que j'ai été grandement réconforté à la lecture de la prose du cardinal. J'ai pensé saisir l'occasion que m'offrait son écrit et intervenir sur le même sujet. Je pense que mes lecteurs seront contents.

Le thème du cardinal porte sur la prière des aînés. Dit d'une autre façon – et lui-même en fait mention – il s'agit d'une méditation sur la mort de la part de quelqu'un qui, bien qu'en bonne santé, la voit s'approcher de façon imminente dans le calendrier.

Martini est profondément religieux, au point de vouloir et de pouvoir dialoguer même avec les non-croyants et de mettre en commun des expériences aussi disparates. Je suis justement un de ceux-là, et le fait de méditer avec lui m'a procuré une très grande paix toutes les fois que cela s'est produit entre nous. Les années continuent de passer et l'expérience de ces pensées s'intensifie. On se sent comme une sentinelle avançant en terrain inconnu. On assiste, toujours plus attristé et affecté, à la disparition de tant d'amis. On s'éloigne du monde et on le voit plus distinctement : la vue s'améliore avec la distance ; Goethe le disait et Montaigne l'avait dit avant lui. C'est pourquoi il peut nous être utile, à nous-mêmes et à toutes les personnes conscientes, de méditer ensemble sur un thème aussi présent à l'esprit. La mort, disait Montaigne dans son langage sobre, est le fait le plus remarquable de notre vie. Il faut prier. Il faut réfléchir.

Le cardinal cite Qohélet dans un de ses passages pleins de sagesse et de beauté poétique. Je citerai encore l'auteur des *Essais* disant qu'il faut porter la pensée de la mort comme les seigneurs de son époque portaient le faucon sur leur épaule pour s'habituer, eux-mêmes et l'oiseau chasseur, à vivre ensemble et à devenir familiers l'un à l'autre.

Celui qui ne croit pas en un autre monde sait qu'à ce moment inéluctable tout prendra fin ; il ne craint pas l'enfer ni n'espère le paradis. Il ne s'attend ni à des récompenses ni à des châtiments. La prière ? Il ne saurait à qui l'adresser. Il peut simplement se souhaiter de demeurer présent dans la mémoire de qui l'a aimé : une survie brève, qu'il aura s'il a su la gagner. Celui qui ne croit pas sait aussi que la vie est privée de sens si le sens consiste à avoir une fin qui dépasse notre passage terrestre. Et donc : voilà une vie qui n'a pas de survie ultérieure et qui est dépourvue de tout sens puisqu'elle finit capricieusement et laisse une trace qui s'effacera en l'espace de quelques mois ou de quelques années dans des mémoires occupées à autre chose. Eh bien, une vie ainsi dépourvue d'infinité devrait être désespérée à la vue de la Dame obscure qui s'avance et vient la faucher.

Une vie privée de foi peut-elle être sereine, pacifiée, réconfortée ? Aura-t-elle eu un sens ? Lequel ?

« Loué soit mon Seigneur / pour notre sœur la Mort corporelle », écrivait François dans son *Cantique*. Alors qu'il sentait le refroidissement de la ciguë monter de ses jambes à son cœur, Socrate dit à ses disciples de sacrifier un coq à Esculape selon ce que prévoyait le rite, et il se couvrit la tête avec un pan de son manteau. Pascal mourut en rêvant qu'il était en compagnie des pauvres et des marginaux. Rilke, dans une page terriblement splendide de ses *Cahiers*, raconte la mort de son grand-père, le Chambellan. La Mort a crié durant huit semaines à l'intérieur de ce corps, mais ce n'était pas lui qui criait, c'était la Mort, pour ne pas sortir de lui. Benedetto Croce est mort en lisant et il savait que la Mort était sur le point d'arriver.

On peut aussi être désespéré avec la foi au cœur et ne pas l'être quand on est sans foi aucune, avec sur l'épaule le faucon qui est devenu son ami.

*
**

Je sens depuis longtemps que, comme toutes les espèces et les individus vivants qui les composent, nous sommes des formes que la nature ne cesse de créer et de défaire pour faire place à d'autres formes. Sans aucun autre dessein que celui de la vie.

C'est la loi de toute forme de réaliser au maximum les

capacités dont elle dispose. Les formes vivantes ne sont jamais statiques : elles sont plutôt dynamiques et cela est vrai y compris pour les formes apparemment non vivantes, et c'est vrai aussi pour les atomes et pour les particules élémentaires de la mécanique quantique. C'est vrai pour toute énergie puisque toute énergie est dynamique.

Il ne s'agit pas de foi mais de science expérimentale.

C'est là que réside le sens, dans un éternel devenir. Toute forme a sa propre loi et son devenir se fait selon cette loi. Nous, dans notre forme humaine, nous sommes animés du sentiment de l'amour, du désir du pouvoir et de la conscience morale. Nos vies individuelles combinent ces éléments comme elles peuvent et selon leur savoir, et c'est là le sens de notre vécu, ce sont là les étoiles qui orientent notre voyage. Je ne dis pas voyage éternel mais voyage parce que nous n'en connaissons pas d'autres. Nous pouvons, bien sûr, les imaginer si cela peut nous consoler de les imaginer.

La vieillesse restreint notre vitalité, limite les capacités du corps et concentre celles de l'esprit.

Chez certains, le désir du pouvoir surpasse les autres. Il est pathétique de voir comment certains vieillards restent accrochés au pouvoir – leur embarcation de sauvetage qui ne leur apportera aucun salut –, leur rage de se voir déchirés morceau par morceau, la solitude de leur « je » dépouillé jour après jour des oripeaux dont ils l'avaient revêtu.

D'autres s'épanchent dans l'amour. Je ne dis pas dans l'érotisme, je dis amour. Amour pour les autres et pour leurs proches, ceux qui les ont aimés et qu'ils ont aimés en retour.

Quand cela se produit, le « je » n'est pas seul, il n'est pas dépouillé et n'est pas désespéré. Au contraire il est plus grand et plus riche. Il n'éprouve pas le besoin de se nommer et de se sentir « je », mais il se sent « nous » et c'est là sa richesse.

Aujourd'hui c'est le jour de la Toussaint, mais il n'y a pas de saints laïcs ; il y a seulement des âmes amoureuses qui laissent en chemin le manteau pompeux de l'égoïsme et revêtent celui de la compassion avec lequel ils se couvrent et couvrent les autres.

Vous, très cher cardinal Martini, vous avez un manteau des plus amples, fait de compassion et de passion pour les autres. Avec votre manteau vous me couvrez parfois moi aussi, tout comme le mien peut également vous couvrir. C'est pourquoi la Dame noire ne nous fait pas peur. C'est aussi pour cela que vous et moi nous ressentons dans le cœur un message qui nous invite à l'amour du prochain. Pour vous, c'est votre Dieu et le Christ incarné qui vous envoie ce message. Pour moi c'est Jésus, né à Nazareth – ou peu importe où –, homme parmi les hommes, chez qui l'amour l'a emporté sur le pouvoir, qui m'envoie ce message.

In memoriam

(Articles publiés le 1er septembre 2012)

Un homme de Dieu

par Vito Mancuso

Qui était Carlo Maria Martini ? On peut répondre en disant : un cardinal longtemps tenu pour *papabile*, l'archevêque durant plus de vingt ans d'un des plus grands diocèses du monde, le président pour une décennie du Conseil des conférences épiscopales européennes, un bibliste à l'origine de l'édition critique du Nouveau Testament la plus autorisée au niveau international (*The Greek New Testament*), le recteur de deux des universités les plus prestigieuses du monde catholique (Université grégorienne et Institut biblique), un prédicateur averti des exercices spirituels pour toute catégorie de personnes, un jésuite de la glorieuse – et controversée – Compagnie de Jésus fondée par Ignace de Loyola, un auteur avec une immense bibliographie en plusieurs langues, et d'autres choses encore. Mais la réponse qui saisit le mieux la singularité de sa personne se résume à dire qu'il fut un homme de Dieu.

Le trait essentiel de sa personne et de son message se trouve parfaitement exprimé dans le titre du premier document programme qu'il adressa au diocèse de Milan au début de son épiscopat en 1980 : *La dimension contemplative de la vie.* C'est en fonction de cet objectif qu'il a fait œuvre d'éducation par ses enseignements, et plus encore par toute sa personne, par la voix, le regard, la démarche. Approcher Martini signifiait en réalité entrevoir ce qu'il y a de plus élevé dans le cœur d'un homme, ou l'intelligence mise de façon inconditionnelle au service du bien et de la justice, et qui ne cesse jamais, même confrontée aux absurdités et aux tragédies de la vie, de nourrir une espérance singulière concernant le sens et le cours de la vie. Si l'expression « noblesse de l'esprit », si chère à Maître Eckhart et à Thomas Mann, veut dire quelque chose, voilà bien ce qui pourrait décrire l'expérience suscitée par la rencontre de personnes comme Martini, profondément humaines mais aussi tellement différentes de ce qui est purement humain et totalement transparentes, sans pour autant être dépourvues d'un mystère silencieux.

Martini a été l'un des exposants les plus notoires de ce qu'on définit habituellement comme le catholicisme progressiste, c'est-à-dire cet idéal chrétien d'être non pas contre mais toujours et uniquement en faveur de la vie du monde. En ce sens, il a représenté l'un des plus beaux fruits du concile Vatican II et de cette saison qui croyait au renouveau de l'Église en authentique fidélité à l'Évangile du Christ et sans aucun compromis désormais avec le pouvoir. Maintenant qu'il est mort, cette saison s'éloigne davantage et les voix prophétiques se font toujours plus rares dans le monde catholique italien. Mais parlant justement de prophétie, il faut souligner sa libre autodétermination d'affronter la mort de manière tout à fait naturelle, sans les sondes naso-gastriques ou autres appareils du genre rendus disponibles par la technique, avec la pleine confiance de quelqu'un qui sait qu'il est sur le point d'entrer dans cette dimension éternelle que la foi appelle « maison du Père ».

Qu'il me soit permis, en terminant, d'évoquer un souvenir personnel de celui qui a été mon père spirituel. Si, de fait, j'ai commencé à vivre sérieusement la foi chrétienne, ce fut principalement à cause de lui : en tant qu'évêque de mon diocèse, il faisait resplendir dans mon jeune esprit de lycéen l'idéal chrétien. Ce qui m'a conquis, dès ses premiers discours que je lisais ou que j'écoutais, ce fut le langage. Avant même les choses qu'il disait, ce qui captait mon attention en tant que jeune, c'était la façon dont il les disait, privée de toute rhétorique ecclésiastique mais en même temps tellement différente par rapport au langage de tous les jours, une façon de parler qui savait faire percevoir un autre monde sans être « de l'autre monde ». Ses paroles étaient simples mais austères, compréhensibles mais profondes, élémentaires mais mystérieuses, et elles étaient surtout reliées aux choses et aux situations, jamais dites pour impressionner l'auditoire. J'étais à peine sorti de l'adolescence et, assurément, je n'aurais pas été en mesure de dire quoi que ce soit sur les caractéristiques de son langage. Mais j'en percevais intérieurement l'authenticité existentielle et je reconnaissais un style différent, nullement ecclésiastique mais non dépourvu pour autant de sacralité, de nature plutôt à me faire comprendre qu'il y avait vraiment quelque chose de sacré dans l'existence concrète des hommes qui était servie avec droiture, intelligence et amour. Et cela, Carlo Maria Martini l'a accompli sa longue vie durant, en fidélité à Dieu et aux hommes.

La foi et le doute

par Eugenio Scalfari

J'ose penser que ce fut un moment serein, voire heureux, que celui où Carlo Maria Martini a pris la décision d'être débranché des machines qui le maintenaient encore en vie, moment qui lui permettait d'entrer dans le ciel des béatitudes, selon le bon vouloir de Dieu.

Nous en avons parlé souvent dans nos rencontres. Il disait que sa foi était solide mais qu'il était confronté à des doutes tous les jours. Non pas sur la foi, mais sur la façon de s'en servir, de la faire vivre avec les autres et pour les autres. La foi – ainsi disait-il – est à la fois contemplation et action, qui sont deux mouvements de l'âme intimement liés. La contemplation est solitaire et l'action, solidaire et pastorale.

D'un tout autre point de vue, je lui objectais que le doute quant à l'action finit par impliquer la foi dans son ensemble. Quand je lui fis cette observation, il me répondit que, en réalité, celui qui a la foi doit la reconquérir chaque jour ; c'est là le devoir du chrétien et en particulier de l'évêque, successeur des apôtres : mettre sa foi au service des autres, et donc la risquer avec les autres, avec les brebis égarées, la reconquérir.

Un jour je lui demandai quel était pour lui le moment suprême de la vie de Jésus : le discours sur la Montagne, la dernière cène, la prière dans le jardin de Gethsémani, l'interrogatoire devant Pilate, les « stations » de la Passion ou, enfin, la crucifixion et la mort ? « Non, répondit-il, le moment suprême est la Résurrection, quand s'ouvre son tombeau et qu'il apparaît aux deux Marie dont la Madeleine. Transfiguré, il confie ensuite aux apôtres la mission d'aller et de prêcher. »

Martini s'en est allé et il a prêché ; il a accepté la confrontation, il a privilégié les jeunes prêtres et les laïcs les plus lointains, et il a considéré la mort comme l'instant où l'on franchit la porte qui conduit à la contemplation éternelle dans la lumière du Seigneur. L'âme abandonne le corps où elle était renfermée, elle a connu l'expérience d'avoir péché, elle s'est mesurée aux tentations, elle a prié pour les autres qui sont dans l'attente de ce moment suprême. Pour cette raison j'ose penser que la décision de partir en paix aura été l'instant heureux de sa vie.

Je n'ai pas la foi en l'autre monde et je ne la cherche pas. Il le savait et il n'a jamais rien fait pour me convertir. Son pastorat n'était pas de ce genre, du moins avec moi. Il voulait m'offrir son expérience et peut-être se servir de la mienne. Mais quelle expérience ? Sûrement pas celle du monde mais celle de l'âme, des instincts, des sentiments, ou des pensées.

La dernière fois que nous nous sommes rencontrés, l'hiver dernier, je lui ai apporté mon dernier livre consacré à Éros, qui n'est certainement pas une divinité chrétienne. Lui ne parlait déjà plus, il murmurait, et son assistant don Damiano lisait le mouvement de ses lèvres et le traduisait. Mais après avoir retourné le livre dans ses mains tremblantes, il m'a demandé (et don Damiano a traduit) si l'amour était le protagoniste du livre. J'ai répondu affirmativement que c'était un livre sur l'amour et surtout sur l'amour des autres. Et il opina de la tête pour dire qu'il appréciait le présent.

L'amour pour les autres est la seule façon indiquée par Jésus qui conduise à Dieu, la « *caritas* », l'« *agapè* ». Telle est la mission de l'Église apostolique : la « *caritas* » pour arriver à Dieu à travers le fils qui s'est fait homme.

Quand nous nous sommes quittés, il me murmura à l'oreille « Je prierai pour vous » et je lui répondis « Je penserai à vous ». Et lui murmura encore : « C'est la même chose. »

Aujourd'hui je pense beaucoup à lui. Quant à lui, dans l'image de l'instant final, il a certainement pensé qu'il franchissait la porte de la vie éternelle. J'imagine à mon tour qu'il a pensé ainsi et cela me console de sa perte.

Bibliographie

Parmi les nombreux ouvrages des protagonistes de ce livre, seuls les plus récents et les plus pertinents pour les thèmes abordés ont été retenus.

Carlo Maria Martini

Carlo Maria Martini - Georg Sporschill, *Le rêve de Jérusalem : conversations avec Georg Sporschill sur la foi, les jeunes et l'Église.* Traduit de l'allemand par Paul Kessler. Paris, Desclée de Brouwer, 2009.

Mon jardin secret : méditations sur la prière. Traduit de l'italien par Sylvie Garoche. Paris, Desclée de Brouwer, 2011.

Qualcosa in cui credere. Ritrovare la fiducia e superare l'angoscia del tempo presente [Quelque chose en quoi croire. Retrouver la confiance et vaincre l'inquiétude du temps présent]. Milan, Piemme, 2010.

Le ragioni del credere. Scritti e interventi [Les raisons de croire. Écrits et interventions], sous la direction de Damiano Modena et Virginio Pontiggia, Milan, Mondadori, 2011.

Carlo Maria Martini - Ignazio Marino, *Credere e conoscere* [Croire et connaître], sous la direction d'Alessandra Cattoi. Turin, Einaudi, 2012.

Eugenio Scalfari

L'uomo che non credeva in Dio [L'homme qui ne croyait pas en Dieu]. Turin, Einaudi, 2008.

Par la haute mer ouverte : notes de lecture d'un moderne. Traduit de l'italien par Françoise Antoine. Paris, Gallimard, 2012.

Scuote l'anima mia Eros [Mû par Éros]. Turin, Einaudi, 2011.

Vito Mancuso

Vito Mancuso et Corrado Augias, *Disputa su Dio e dintorni* [Débat sur Dieu et questions connexes]. Milan, Mondadori, 2009.

Io e Dio. Una guida dei perplessi [Moi et Dieu. Guide pour les sceptiques]. Milan, Garzanti, 2011.

Obbedienza e libertà. Critica e rinnovamento della coscienza Cristiana [Obéissance et liberté. Critique et renouveau de la conscience chrétienne], Rome, Fazi, 2012 (Campo dei Fiori, 11).

Table des matières

Mis en pages par Text'oh ! (Dole)

Achevé d'imprimer en France en février 2013
par Normandie Roto Impression s.a.s., 61250 Lonrai
Dépôt légal : mars 2013
N° d'impression : 130457